IN MEINEN EINGEWEIDEN
WACHSEN WORTBLUMEN.
DIE ZEIT IST REIF,
SIE HOCHZUWÜRGEN.

Mal still, mal mit viel Getöse
reifen Worte in meinem Gekröse.
Sie lieben und sie leiden
tief in meinen Eingeweiden.

Ich überreiche dir
meine Wortblumen,
lasse sie leben
oder für immer ruhen.

Lasse deine Seele
von ihnen umwerben,
lasse sie wachsen
oder sterben.

VISZERA

IN MEINEN EINGEWEIDEN
WACHSEN WORTBLUMEN

MRS.
McH

WORTE|NICHTSALSWORTE
PROSA|LYRIK & WORT|SPALTEREIEN

Bibliografische Information der Deutschen Nationalbibliothek:
Die Deutsche Nationalbibliothek verzeichnet diese Publikation in der
Deutschen Nationalbibliografie; detaillierte bibliografische Daten
sind im Internet über http://dnb.dnb.de abrufbar.

ISBN: 978-3-756-27697-4
© Mrs. McH 2022
www.instagram.com/mrs.mch

Herstellung und Verlag: BoD – Books on Demand, Norderstedt

ÜBER VISZERA

VISZERA enthält lyrische Texte, Gedichte
und poetische Kurzprosa, über alles,
was jeden Menschen bewegt:

Liebe und Leid,
Verlust, Trauer, Tod,
verloren gegangene
und neu geschöpfte Hoffnung.

Jeder Text erzählt
seine ganz eigene Geschichte.

»Mit ihren weise gewählten Worten
beschreibt Mrs. McH, wie sie Menschen
und Gefühle wahrnimmt,
subtil stellt sie Fragen
und lädt ein zur Reflexion.«

Nach der Neuauflage 2022
von GehDichte: KOMM GEH WEG
ist VISZERA der zweite Lyrikband
von Mrs. McH, dem ein dritter folgt:
DUNKLE BLÜTEN:
In dunklen Herzen
blühen Wortwunden

WIDMUNG

Dieses Buch folgt keiner Logik,
so wie das Leben es nicht tut.

Beides gehört dir.

Es ist Dein Buch.
Ich widme es Dir.

Es ist Dein Leben.
Widme Du es Dir.

Blättere die Seiten auf,
so wie Du durch Dein Leben gehst:
Sehend oder blind?

Welchen Text hast Du zuerst gefunden?
Oder hat er Dich gefunden?
Was hat er mit Dir gemacht?
Was wirst Du mit ihm machen?

Erzähle der Welt davon.
Erzähle es mir.

ÜBER MRS. MCH

Über mich ist in mir,
doch **ich** bin nicht meine Worte.

Ich **leide** nicht,
wenn ich
über blutende Herzen schreibe.

Ich **töte** nicht,
wenn Menschen
zwischen meinen Zeilen sterben.

Ich **liebe** nicht,
wenn meine Worte
poetische Reigen tanzen.

Doch **ich** liebe,
was du in meinen Worten liest.
Aber das
bin nicht ich,
war ich nie
und werde es
niemals sein.

Die Wahrheit ist, ich spüre nichts,
ich fühle mich nur ein,
ganz allein
mit meinen Gedanken
um Vögel und Fische,
um ihr Vermögen
in Tiefen und Höhen.
Jeder Vogel fliegt
so hoch,
so hoch,
so hoch,
wie er kann,
so weit
ihn seine Schwingen
tragen.
Jeder Fisch schwimmt
so tief,
so tief,
so tief,
wie er kann,
so tief,
wie seine Gewässer
lassen ihn es wagen.
Jeder Mensch geht
so weit,
so weit,
so weit,
er kann,
so lange,
wie er
es kann ertragen.
Die Wahrheit ist, ich spüre das nicht,
ich fühle mich nur ein
ins lebendig sein.

WortOrte

meine Worte
sind ein Teil
von mir
von dir
von ihr
von ihm
so wollen sie
geschrieben steh'n

doch ich bin nicht
meine Worte
sie stehen nur
für deine Orte
meine Worte sind
was du verstehst
bestimmt vom Leben
das du lebst

meine Worte sind
Erdachtes
Gehörtes
Erlebtes
nicht selten
Zusammengewebtes
schreibe ich dich
meine ich mich?
schreibe ich sie
geschah es nie?

schreibe ich mich
meine ich dich?
schreibe ich er
ist's lange her?
ganz gleich
was dort zu lesen steht
vielleicht ist es
auch umgedreht?

schreibe ich vom Anfang
ist es das Ende?
ich lege meine Worte
in deine Hände
es ist dein Geist
der sie zerreißt
vielleicht ist
was zwischen
den Zeilen fehlt
das Ungesagte
das dich quält

denn ich kann und werde
dir keine Antwort geben
die Lösung findest du
nur in deinem Leben
sage ich die Wahrheit
oder lüge ich?
nichts Genaues
weißt du nicht
niemand wird es dir je sagen
es ist die Frage aller Fragen

mit meinen Worten
gehst du vielleicht vor die Hunde
sie streuen Salz in deine Wunde
doch mit ihnen darfst du
auch aufersteh'n
so oder so
wird es geschrieben steh'n

mein Worte dürfen
dich beglücken
oder Schiefes
geraderücken
ganz gleich
wie meine Worte scheinen
du darfst
lachen
lächeln
schimpfen
weinen

es gibt
kein Ich
kein Du
kein Wir
nur meine
Worte
schenke
ich
dir

denn das Werk der Worte
ist vollbracht
du Mensch
bist es
der was draus macht

VISZERA

IN MEINEN EINGEWEIDEN WACHSEN WORTBLUMEN

Ableben

Das Sterben beginnt von Anfang an.
Am Ende ist es immer egal,
wie wild unsere Herzen
einst füreinander schlugen.
Am Ende ist es immer egal,
was wir uns am Anfang schworen.
Am Ende ist es immer egal,
wer von uns das erste Wort
gebrochen hat.
Am Ende erwartet uns der Tod.
Egal, wann das Sterben begann.
Davor sollten wir einfach leben.

Ach, Liebe ...

... hast mich eingefangen
bin mit dir gegangen
gesucht habe ich dich
verflucht habe ich dich
hast mir so viel versprochen
hast Versprechen gebrochen
erst so entzückt
dann alles zerpflückt
den Abgrund erhellt
dann alles entstellt
ich begann
dich zu fragen
und du
nichts zu sagen
so verblieben wir stumm
alles ist rum
Ach, Liebe ...

Alea Iacta Est

Heute habe ich die Entscheidung getroffen,
sie wirkte auf mich ein wenig besoffen,
sie schwankte hin, sie schwankte her,
geradestehen fiel ihr schwer.

Auch setzen wollte sie sich nicht,
dennoch war sie sehr erpicht,
so lange wie möglich zu bleiben,
als wolle sie mich einverleiben.

»Nimm mich, hier bin ich!«,
rief sie ganz laut,
»Überdenk mich, fälle mich,
du willst es doch auch!«

Nein, ich wollte sie nicht bei mir haben,
noch hatte ich zu viele Fragen.
Doch könnte ich es wirklich wagen,
sie heute einfach zu vertagen?

Lange habe ich mit ihr gerungen.
[Wer hat am Ende wen bezwungen?]
Ich drehte sie um und schickte sie weg:
»Mit uns hat das doch keinen Zweck.«

»Morgen bin ich wieder da«,
drohte sie mir mahnend an,
»glaub's nicht, aber es ist wahr:
Ohne mich kommst du nie an.«

Diese Entscheidung
war gar nicht dumm,
das wussten wir beide,
doch ich blieb stumm.

[SICH NICHT ZU ENTSCHEIDEN,
IST AUCH EINE ENTSCHEIDUNG.]

Liebesunheil Amors Pfeil

amors pfeil
zielgenau
widerhaken
lieblich rau

lieben herzhaft
ekstatisch verwöhnt
lieben schmerzhaft
dramatisch verhöhnt

amors pfeil
nährt und bindet
liebesbeil
spaltet und schindet

hirn
verstopft
liebe
tropft

lieben
theatralisch
lieben
bestialisch

knochen im herzen
seelen im sud
brühe aus liebe
teufels blut

Ein neuer Tag
im Paradies

Was uns das Schicksal
einst verhieß,
war der Traum
vom Paradies.

Es ist klein,
es ist fein,
dein,
mein,
unser,
sehr geheim.

Manchmal eckig,
manchmal rund,
selig lieben,
manchmal wund.

Dort gibt es
keine Außenwelt,
nicht, was uns
von uns abhält.

Das ist,
wonach wir täglich streben,
funkt dazwischen
nicht das wahre Leben.

Der Weg zum Glück
war leicht zu finden,
doch Schmerz und Qual
zu überwinden.

Einfach war er
nicht zu wandern,
bis wir uns
dort endlich fanden.

Wie uns das Schicksal
einst verhieß,
ein neuer Tag
im Paradies.

Aufgekeimt

Des Tags.

Worte,
runtergebrochene Nachgeburten
flatternder Gedanken.
Worte,
nicht gesendet,
nicht empfangen,
richten keinen Schaden an,
richten gar nicht,
klagen nicht,
ruhen.

Worte,
lautlos,
rastlos,
ihren Erschaffer plagend.
Tod durch Ersticken.
Tod durch Existenz.

Des Nachts.

Worte,
hinuntergeschluckt,
verdauen schwer.

Worte,
gejagt in die tiefsten
Abgründe der Träume,
kreieren Monster,
neue Wortgeschöpfe,
stilistisch groteske Ausgeburten
nicht gesendeter Worte,

Worte,
kriechen den Schlund hinauf,
bleiben stecken,
verharren stumm.
Tod durch Ersticken.
Tod durch Nicht-Existenz.

Im Keim erstickt.

Aus
Sichten

ich
sehe
was

was
du
nicht
siehst

und
das
ist

das

von dem du glaubst
ich würde es nicht sehen

Bis irgendwann einmal

Irgendwann
kommt er
einfach über dich,
umhüllt dich,
dringt in dich ein,
schließt laut die Tür hinter dir.

Er tobt,
er wütet,
er beißt,
er kratzt,
er frisst
dich auf.

Dann wird er leise,
still und stumm.
Er zerkaut dich,
er verdaut dich,
er überlegt,
ob das schon alles war.

»Bis irgendwann einmal«,
raunt er dir zu,
lässt dich im Ungewissen,
ob er wiederkommt.
Er geht, schließt leise
die Tür hinter sich.

Wie kannst du ihn so jemals vergessen?
Deinen Dämon, deinen Schmerz.

Manche
Tage
gehen
ungezählt,
manche
Tage
gehen
ungelebt
einfach
vorbei.

Manchmal
hat man nichts erwartet,
der Tag wird einfach weggeatmet,
auch das ist richtig,
auch das ist wichtig,
nichts geben,
nichts nehmen
nur leben,
nur sein.

Bist du?

Brennende Felder

Wir schauen auf die Felder.
Voller Stolz und voller Glück.
So viel gesät, so viel geerntet, Jahr um Jahr.
In Dürren gehungert, in Fluten gestrudelt,
Stürmen getrotzt.
»Wir haben alles überlebt«, murmeln wir
dankbar. Ja. Am Ende wurden wir immer
irgendwie satt.

Mit dickgefüllten Bäuchen suhlen wir uns
wohlig in unserer Ernte, spielen übermütig
mit dem Feuer und zündeln ein Mal zu viel.
Zu fett und träge geworden, können wir
den Brand nicht mehr löschen. Entsetzt
starren wir in die vernichtenden Flammen
und fragen uns, was übrig bleiben wird.

Mit kalten Füßen betreten wir die
verbrannte Erde. Noch einmal
durchpflügen wir die mürben Äcker und
bringen schweigend neues Saatgut aus. *Da
wächst kein Gras mehr*, denken wir
betrübt, doch säen, heimlich Hoffnung
nährend, weiter.

Wir schauen auf die Felder. Voller Wehmut und voller Zorn.

»Wer ist schuld?«, fragen wir uns und verwehren uns die Antwort. Unterdrückte Flüche verschließen unsere Münder, ungesagte Gebete sammeln sich feucht in unseren Augen, bittere Tränen wässern unseren Boden. Ja. Jetzt müssen wir warten. Auf neues Leben oder Tod.

Bruchstückig

ich war am träumen
beben und schäumen

vor freude und glück
über ein KLEINES stück

vom großen kuchen
ohne zu suchen

dass ich ihn fand
bevor er verschwand

in gierigen kehlen
die sich so quälen

mit seltsamen reimen
die in ihnen keinem

an so vielen orten
mit ihren worten

die seelen zwicken
und hirne ficken

die viel versprechen
doch herzen brechen

die die liebe bejubeln
aber mit schmutz besudeln

die mit all ihren träumen
das leben wegräumen

um uns zu binden
es wieder zu finden

das leben
die träume
das glück

vom großen kuchen
ein KLEINES
stück

Das
Leben
lügt

Es ist die kleine Schlampe
Illusion,
gekleidet im Gewand der
Perspektive.
Es ist die eloquente Heuchlerin
Täuschung,
getarnt als die
Hoffnung.
Es ist der verräterische Gott
Glaube,
der treublindes
Vertrauen weckt
Alle lügen.

Nur das Leben lügt **nie.**

Das Neue
kann nicht
ohne das Alte sein

Wir wären
nie geworden,
was wir sind,
wenn wir nicht
gewesen wären,
was wir waren.

Wir waren
nicht immer gut,
wir waren
nicht immer schlecht,
wir waren wohl,
was wir sein mussten.

Was werden wir
wohl einmal werden?
Was werden wir
gewesen sein?
Wir wissen es nicht,
wenn wir nicht sind.
Wir werden es wissen,
wenn wir waren.
Verlieren wir das Alte nicht,
verlieren wir
nicht uns.

Weinen
in der Nacht

Heute
soll es
keiner wissen,
keiner soll sehen,
keiner soll hören,
dass wir weinen
jede Nacht.

Wir fallen
in ein Tränenmeer,
drohen,
darin zu ertrinken.

Jeden Tag
bringen wir
uns selbst zum Schweigen,
überdecken unsere Gram
darüber,
dass wir damals ignorierten,
was wir hörten,
was wir sahen,
was wir wussten
über das Weinen
in der Nacht.
Nebenan.

Deine
schönen
Worte

Deine schönen Worte
waren wie eine zarte Melodie,
Ton um Ton drang in mich ein.
Deine schönen Worte
waren wie sanfte Nebelschwaden,
die warm in mein Herz
und meine Seele waberten.
Wie perfekt aufgezogene Saiten
erzeugtest du die Töne
deiner Worte
und spieltest ein Lied
von unserer Zukunft.
Doch beim Wort genommen,
beim Klang erhört,
wiederholt und nachgefragt,
hieltest du nicht stand.
Die schöne Melodie verkam
zu einem hässlichen Bellen,
der zarte Nebel
zu beißendem Rauch.
Ich schaltete auf Durchzug,
als der Refrain begann.
Deine schönen Worte waren
Schall und Rauch.

Schmerz
im Herz

Er war so bedeutungslos, dass er noch nicht
mal einen Schatten warf. Er grub sich nicht
in die Tiefen unserer Gedächtnisse wie ein
Trauma, doch er war allgegenwärtig.
Wir liefen vor ihm davon, nur gab es keinen
Ort, an dem er nicht schon vor uns da war.
Gelangweilt anmutend wartete er auf uns,
nahm uns fast väterlich tröstend in seine
Arme – ein kurzer Moment des Friedens
und der Geborgenheit, wie dieses Gefühl,
einen alten Freund nach langer Zeit
wiederzusehen und festzustellen,
dass sich nichts an der Zuneigung geändert
hatte – nur um uns im nächsten Moment
zu erdrücken, unsere Eingeweide
aus uns herauszuquetschen,
uns auf links zu drehen
und mit unserem eigenen Gekröse
zu erdrosseln.

»Der Schmerz sitzt im Herz«, pflegte er zu
murmeln, während er uns auswrang
und wir für einen viel zu kurzen Moment
begriffen, dass er von sich selbst sprach.
Wir erkannten ihn und schworen,
dass wir uns beim nächsten Mal
an ihn erinnern würden,
ganz bestimmt.

Doch wir hatten den Anfang der Erkenntnis
längst vergessen, als wir zu ihrem Ende
kamen. Wir können jetzt nur davon berichten,
weil er es uns erzählte, bevor er im Schatten
seiner Bedeutungslosigkeit verschwand –
wo wir ihn bereits absurd sehnsüchtig
erwarteten. Seufzend wie ein alt gewordener
Freund nahm er seinem angestammten Platz
ein, neigte sich uns müde lächelnd zu
und wurde so allgegenwärtig,
wie er nie aufgehört hatte zu sein.

Der Schmerz im Herz.

Des
einen
Freud

Es hilft
schon ein bisschen,
andere nicht vorsätzlich
unglücklich zu machen.

Und zu akzeptieren,
wenn man nicht
Bestandteil des Glückes
eines anderen ist.

Des
anderen
Leid

Dialog
mit einem Monolog

Wer glaubst du,
wer du bist?
Du weißt nicht,
wer du bist,
doch soll ich lieben,
wie du bist?
Heute so
morgen so,
unten,
wenn ich oben bin,
oben,
wenn ich unten bin,
dort,
wenn ich hier bin,
fort,
wenn ich dort bin.
Du weißt nicht,
warum du so bist,
weil du nicht weißt,
wer du bist,
aber ich soll lieben,
dass du bist ...
mit mir.
Wer glaubst du,
bin ich?

Dickes
Blut

Ich floss mit deinem Blut.

~ ich floss,
floss,
floss
mit deinem Blut,
dein Herz pumpte mich
durch deine Adern,
ich plätscherte,
ich rauschte,
ich rann,
rann,
rann,
ich floss
mit deinem Blut davon,
ich wurde dein Blut,
Blut,
Blut,
überall so viel Blut,
überall ich,

ich,
ich
in dir,
dir,
dir,
verrückt nach dir,
verklumpte ich,
blieb stecken,
ich rann,
rann,
rann
nicht mehr,
ich
Blutgerinnsel
liebte
dich
so
sehr ~

[SEHR,
SEHR,
SEHR]

Die Zeit
hat alle Zeit der Welt

Manchmal wendet die Zeit
das Lebensblatt,
obwohl sie etwas anderes
versprochen hat.

Manchmal wird die Zeit
verschwendet,
manchmal ist es die Zeit,
die zu schnell endet.

Manchmal hat die Zeit
zu viel Zeit,
manchmal macht die Zeit
sich zu sehr breit.

Manchmal ist die Zeit
zu spät dran,
manchmal kommt die Zeit
niemals an.

Manchmal hat die Zeit
keine Zeit für manche Leben,
manchmal will die Zeit
nichts von ihrer Zeit abgeben.

Manchmal ist die Zeit
nicht bereit.
Manchmal hat die Zeit
keine eine Wunde geheilt.

Manchmal ist
die Zeit
eine viel zu kurze
Ewigkeit.

Du.
Deine Küsse.

Fragmente
bittersüßer
Lügen,
schimmernd
in schiefen
Mundwinkeln.
So liebevoll.

Du.
Deine Küsse.

Kadaver
vergangener
Bekenntnisse,
verrottend
in den Fetzen
ausgefranster
Lippen.
So hingebungsvoll.

Du.
Deine Küsse.

Todgeweihte
Verabredungen
zur Sinnlichkeit,
zum ersten
Rendezvous
mit einem
Serienkiller.
So zärtlich.

Du.
Deine Bisse.

Ich.
Meine Küsse.

meine Küsse sind
nicht nur Begehr
sie sind Währung
für viel mehr

alles und nichts
willst du geben
um nach meinen Küssen
zu streben

zwischen meinen wilden Lippen
bist du vergangen
in meiner scharfen Zunge
bist du verfangen

bis du regungslos
versinkst
im Rausch meiner Küsse
fast ertrinkst

jeder Kuss Befreiung
jeder Kuss ein Messerstich
jeder Kuss Verzeihung
jeder Kuss tötet dich

mein Atem verschlingt deinen
du und ich im Reinen
so geschieht es jede Nacht
dann küsse ich dich wieder wach

du wirst
neugeboren
bist sogleich
wieder verloren

immer wieder drängst du
dich in mir zu verbergen
immer wieder willst du
an meinen Küssen sterben

ich küsse einen Rahmen
um deine verstummten Lippen
ich habe kein Erbarmen
ich stoße dich über die Klippen

deiner Sehnsucht
deiner Schwächen
zwischen meinen Küssen
sollen deine Lippen brechen

ein Akt
gewaltiger Zärtlichkeit
Offenbarung von
Wahrhaftigkeit
alles und nichts
willst du werden
weil du es liebst
in meinen Küssen
zu sterben

Du bist,
was du sprichst

Deine Worte,
sie kommen,
sie gehen,
sie bleiben

nicht stehen.

Sie reden,
sie schweigen,
sie sagen so viel

nicht.

Sie leben,
sie sterben
alle

in mir.

Du willst
es so

Du weißt es so viel besser,
du spürst es am eigenen Leib.
Es zerfrisst dich,
es zersetzt sich,
es löst dich auf.

Ein Häufchen Elend ist alles,
was von dir übrig bleibt.
Nach jedem Mal.
Nach jedem hässlichen Wort.
Nach jedem Schlag in dein Gesicht.

Wieder leckst du deine Wunden,
verklebst dein Leid mit einem Silberstreif,
den du dem Horizont gestohlen hast.
Du gebärst dich wieder.
Dein erster Schrei hallt lange nach.

Doch er durchbricht den Kreislauf nicht.
Es wird nicht dein letzter Schrei gewesen sein.
Du zerfrisst dich,
du zersetzt dich,
du löst dich auf.

Du willst es so.

Dystopie

Der Winter war lang und erbarmungslos,
der unfruchtbar gewordene Boden wehrte sich
gegen jeden Eindringling. Die gefrorenen
Schollen weigerten sich, das Erdreich als
letzte Ruhestätte der Toten freizugeben.
Aus dem Gottesacker, der uns einst großzügig
nährte, war unser Feind geworden.
Er ließ sich keine Erde entreißen und er
schenkte uns nichts. Unsere Seelen waren
zu Abbildern der Landschaft geworden.
Karg und öde. Unsere Herzen gefroren zu dem
gleichen Eis, auf dem wir suchend
umherwanderten. Alle Bäume waren längst
geschlagen, das wenig verbliebene Totholz
taugte nicht als Scheiterhaufen.
Wir stapelten unsere Toten zu Mauern
und legten einen Irrgarten an. Wer sich darin
verirrte, legte sich zu oberst auf die
Leichenwand und wartete auf den Tod.
Es war Krieg. Die Lebenden kämpften gegen
das Leben, der Lebenswille gegen die Natur.
Es war still, so unerträglich still geworden.
Wir vermissten das Zwitschern der Vögel.
Sie waren unser Halt gewesen, solange sie
noch den Himmel bereicherten.
Später wurden sie zur Nahrung,
als sie tot von selbigem fielen.

Doch da waren sie ohnehin schon so dürr
und ausgemergelt wie wir selbst und gaben
kaum noch etwas her. Aus ihrem Gefieder
nähten wir uns Winterkleider, doch waren
wir längst von innen heraus erfroren.
Mit ihren Schnäbeln kratzen wir halbherzig
in der Eisschicht herum, um die Zeit
totzuschlagen und das Knurren unserer
Mägen zu übertönen. Wir warteten
auf den Knochenmann, dass er auch uns
erlösen würde, zugleich fürchteten wir ihn.
Wir wussten nicht, ob wir gewonnen
oder verloren hatten, als der Irrgarten
zur Speisekammer wurde. Fast ohnmächtig
vor Hunger füllten wir unsere Bäuche
mit dem Tod. Wir aßen erst unser
Gewissen, dann unseren Verstand.
Der Winter war so lang wie ein Leben.
Als die eisigen Klauen des Frosts müde
wurden, durchflutete eine Sinnflut aus
Hoffnung unseren Geist.
Es währte nicht lange. Es taute, doch nicht
nur das Eis. Nun war die Sonne unser
Feind, die toten Körper erwärmten sich,
blähten sich auf, setzten Gase frei,
die uns den Atem raubten.
Das Fleisch der Verewigten gor in uns,
unser Gekröse verfaulte wie die
Totenwände, deren Leichensaft versickernd
seine Heimat im Erdreich fand
und es vergiftete.

Doch neues Leben entstand. Larven, Maden, Würmer wurden geboren. Gierig labten sie sich an unserem Verenden.

Wenn diese Zeilen jemals gelesen werden, haben wir es irgendwie geschafft.
Dann haben wir überlebt.
Wie viele Winter werden vergangen sein?
Werden wir gewonnen oder verloren haben?
Wie wird das Leben sein?

Eine Nase
voll Glück

So lange Zeit,
gefühlte abertausend Jahre,
wartete ich
auf diesen Augenblick.
Nun ist er da,
nun will ich sterben,
denn dieser Moment
ist pures Glück.

Die Nase in den Wind
gestreckt
vor Furcht,
dass der Moment vergeht.
Ich kenne den Wind,
ich weiß, wie er tickt,
ich weiß, woher er weht.

Fast immer von vorn,
trägt er davon,
was lieb und teuer mir ist,
stürmt durch mein Herz,
entreißt mir das Glück
und der Moment …

kehrt nie mehr zurück.

Ein Herz
und eine Seele

Ein Schweigen zur falschen Zeit,
macht sich in einem Herzen breit,
was für eine schwere Bürde,
»Wenn jemand doch was sagen würde«,
weint es einsame Tränen.

Fragen über abertausend Fragen,
die in einer Seele nagen,
ein Schweigen zur falschen Zeit,
hält Kummer und Leid bereit,
so weint sie einsame Tränen.

Ein Schweigen in einem Herz,
verkümmert im Seelenschmerz,
ein Schweigen in einer Seele,
dringt aus verstummter Kehle,
Herz und Seele ver[w]eint.

Einmal.
Alles.

Einmal.
Alles.
Jedes Wort wurde schon einmal gesagt,
jeder Satz blieb schon einmal unvollendet.
Alles war schon einmal da.
Jeder Kampf wurde schon einmal
gewonnen oder verloren.
Jede Träne wurde schon einmal vergossen
und wieder getrocknet.
Jede Hoffnung wurde schon einmal
begraben und wieder neu geweckt.
Jedes Lachen wich schon einmal
dem Schmerz und jede Wunde
wurde schon einmal
durch Freude geheilt.
Alles ist schon einmal vorbeigegangen.
Alles wird wieder geschehen.
Alles beginnt und endet.
Ein Mal bleibt für immer.
Einmalig.

Fähnchen im Wind

Kennst Du diese Menschen,
die niemals zufrieden sind,
oder die ihre Meinung ändern,
wie Fähnchen im Wind?

Diese Menschen,
die an gar nichts glauben,
die mit ihren Zweifeln und Gerede
an unseren Energien saugen,
die uns um unsere
Lebenszeit berauben?

Wir sollten diese Menschen
nicht verachten oder hassen,
sondern sie sich selbst über-
und einfach gehen lassen.

Erzähle mir

Erzähle mir nicht,
was du über Liebe weißt.
Im Gesetzbuch der Liebe
steht es geschrieben:
Nichts.
Nicht mehr
und nicht weniger.
Exakt nichts.
Also erzähle mir nichts davon.
Erzähle mir nichts von Liebe.
Schau nicht herab auf mich,
weil ich anders liebe,
weil ich die Liebe anders lebe,
weil ich das Leben anders liebe.
Erzähle mir nicht,
dass deine Liebe
echter,
tiefer,
wahrer
ist.
Erzähle mir einfach
nichts.

Es
war
einmal ...

»Hast du mich jemals belogen?«, fragte sie ihn.

»Nein«, log er mit an Sicherheit grenzender Wahrscheinlichkeit.

»Das ist schön«, erwiderte sie und glaubte ihm nicht.

und wenn sie
nicht gestorben sind ...

... dann lügen sie sich noch heute gegenseitig in die Tasche.

Fassgebräu

Fassungslos

Ich denke,
[ich bin fassungslos ~]
also bin ich ...

~ das Fass
gcfüllt
gefüllt
gefüllt
überfüllt
mit Tränen
Freudentränen
Trauertränen
Tränen
Tränen
Tränen
Tropfen
um
Tropfen
tropft
tropft
tropft
steter Tropfen
füllt das Fass
nährt das Fass
gibt ihm einen Sinn

~ der Schlägel
schlägt
schlägt
schlägt
Schlag um Schlag
hämmert es
vibriert es
noch ein letzter
Schlag
der Zapfhahn
jubiliert
das Fass
verliert
der Anstich
sticht
sticht
sticht
alles sprudelt
alles fließt
fließt
fließt
fließt
aus dem Fass hinaus

~ das Fass
geleert
leer
leer
leer
ausgeleert
nur eine flache Pfütze
ein Bodensatz
aus Tränen
Freudentränen
Trauertränen
Tränen
Tränen
Tränen
bleibt zurück
wartet
wartet
wartet
wie das Fass
auf neu geweinte
Tränentropfen
die es befüllen
füllen
füllen
füllen
wartet auf Befüllung ~

... die Erfüllung.

Feingefädelt
vom Faden zum Strick

Mit feinen Fäden
Liebesgarn
umarmt sie ihn,
umgarnt sie ihn,
fängt sie ihn ein.

Mit feiner
Blindheit
Liebesgier
verfällt er ihr,
ist er verloren.

Mit feinen Worten
Liebesrausch
bezirzen sie sich,
sezieren sie sich,
spinnen sie sich ein.

Mit allerfeinstem
Größenwahn
feuern sie
sich selber an,
wälzen sie sich,
verschmelzen in sich,
feiern sie
die Triebe,
nennen Triebe
Liebe,
wollen sie
nur schweben,
betrügen sie
das Leben,
betrügen sie
ihr Herz,
belügen sie
die Welt,
belügen sie
sich selbst.

Fernbeziehung
mit dem Jenseits

Ich lebte hier,
du lebtest dort,
doch liebten wir
am gleichen Ort.
Du sprachst zu mir,
die Welt blieb stehen:
»Pass auf dich auf,
ich muss jetzt gehen.
Ich will,
dass du weiterlebst.
Ich weiß,
dass du es überstehst.«

Überstanden
habe ich es nie.
Überlebt
irgendwie.
Ich lebe hier,
du lebst dort.
So weit warst du
noch niemals fort
Ich höre dich
wie eh und je,
mein Herz
weint leise.
»Liebling ... Ade.«

Folge
Zeit

Wenn ich dir folge,
dann folge ich dir
für eine Weile.
Vielleicht für eine kurze Weile
für dich.
Eine Ewigkeit für mich.
Vielleicht eine lange Weile
für dich.
Ein Sekundenbruchteil
für mich.
Verstehst du?
Meine Weile.
Ist es nicht wertvoller,
als hätte ich dich nie gesehen?
Ich gehe, wenn ich genug von dir habe.
Genug gesehen.
Genug erfahren.
Genug gelernt.
Ich folge dir nicht,
um da zu sein.
Ich folge dir nicht,
um zu bleiben.
Ich folge dir
für eine Weile
meines Lebens.

Bis zu meinem letzten Atemzug.

Fragwürdigkeiten
des Seins

Warum nicht?

Wir fragen uns,
warum wir nicht
SCHLUSS machen können.

Nicht mit unserem LEBEN.

Nicht mit unserer LIEBE.

Wir wissen nicht,
was ES zusammen hält.
Wir wissen nicht,

was UNS zusammen hält.

Obwohl wir schon so oft

so SCHWARZ sahen,

dass wir unsere
Schatten verloren.

Obwohl wir schon so oft

so TIEF fielen,

dass wir mit dem Aufprall
Freundschaft schlossen.

Wir fragen uns,
warum wir nicht

SCHLUSS machen können.

Wir fragen, fragen, fragen
uns fortwährend,
wieso,
weshalb,
warum.

Wir haben keine Zeit
für Antworten.

Wir wollen keine Zeit
für Antworten.

Wir LEBEN weiter.
Ob es uns erfüllt
oder nicht.

Wir LIEBEN weiter.
Ob wir glücklich sind
oder nicht.

Warum?

Unser freier Wille

So schnell

konnten wir

gar nicht sterben,

wie wir

schon tot

gewesen sind.

Festgelegt.

Festgekettet.

Festgefahren.

Festgebissen.

Festverankert.

Festverwurzelt.

Aber fest daran glaubend,

wir wären frei.

Voller Frieden

du musst
nichts tun
du musst
nichts sagen
du musst
nur
FRIEDEN
schließen
mit
dir

ich tue
es
ich sage
es
ich schließe
FRIEDEN
mit
dir

Für alles
gibt es ein letztes Mal

Wie oft
willst du
sterben?

Wie oft
willst du
dich
wiederbeleben?

Wie oft
willst du
von vorne
beginnen?

Wie oft
willst du
Vergangenes
ruhen
lassen?

Wie oft
willst du
in durchgewetzten Schuhen
auf ausgetretenen Pfaden
neue Wege suchen?

Wie oft
willst du
daran
scheitern?

Wie oft
willst du
dich verirren?

Wie viel
Lebenszeit
willst du
verstreichen
lassen,
bis du begreifst,
dass du irgendwann
für immer
ruhst?

Ob
du willst,
oder
nicht.

Wie viele
letzte Male
willst du
dir das
verzeihen?

Für immer
dein Liebchen

Heute will ich
einmal zärtlich sein
und schlage dir
nicht den Schädel ein.
Ich picke dir
nicht die Äuglein aus
und blase dein Lebenslicht
nicht aus.
Ich sauge dein Blut
nicht aus deinen Venen
und zerfasere dir
nicht deine Sehnen.
Ich werde dein Fleisch
nicht von den Knochen schälen
und dich
nicht mit meiner Wollust quälen.
Ich suhle mich
nicht in deinen Eingeweiden
und lasse dich
nicht an mir leiden.
Ich werde mich
nicht an dir laben
und fresse dich
nicht mit Haut und Haaren.
Heute will ich
einmal zärtlich sein.
Ich bin du
und dein allein.

Geheime Wortorte

... mein geheimster Ort

ist der Hort,

wo alle meine Worte lagern,

zwischen ungesagten Zeilen wabern,

die ich verschlucke,

die ich nicht richte

an nichts und niemanden.

Worte,

die nichts und niemanden richten,

die nichts und niemanden vernichten.

Worte,

die nichts geraderücken,

die niemanden zutiefst verzücken,

Worte ohne Widerwort

ruhen,

schlafen,

sterben

an meinem geheimsten Ort ...

Wenn wir die Geister rufen

Wenn wir die Geister rufen,
müssen wir mit ihnen leben.

Der erste Geist hieß Leidenschaft,
der wir uns so zaghaft hingaben,
wie wir ihr erbarmungslos erlagen.

Der zweite Geist hieß Irrweg,
den wir so blindlings beschritten,
wie wir jeden Schritt genossen.

Der dritte Geist hieß Ehre,
die wir so rasch verloren,
wie wir uns fanden.

Der vierte Geist hieß Begehren,
das uns so auffraß,
wie es uns nährte.

Der fünfte Geist hieß Ewigkeit,
für die wir so verbunden,
wie verdammt wir sind.

Über allen Geistern schwebt
der Geist der Liebe,
der wir uns hingeben,
der wir erliegen,
die wir beschreiten,
die wir genießen,
die wir verlieren,
die wir wiederfinden,
die uns auffrisst,
die uns nährt,
die uns verbindet,
die uns verdammt.

Wenn wir die Geister rufen,
müssen wir sie lieben.

Ich bin dein Geist

Ich bin dein Geist,
den du riefst,
ich bin deine tiefste Wunde,
an der du dich entzündest,
in der du ätzender Eiter wirst
und aus dir selbst entfließt.

Ich bin dein Schatten,
vor dem du fliehst,
ich bin dein hässlichster Schmerz,
an dem du dich reibst und plagst,
in dem du zum Zerstörer wirst
und dich selbst besiegst.

Ich bin deine Erfüllung,
die du nie fandest,
ich bin deine Liebe,
an der du dich stillst,
in der du zum Ertrinkenden wirst
und bei dir selbst strandest.

Ich bin deine Seele,
in der du dich verirrst,
ich bin dein Herz,
an dem du zerbrichst,
in dem du zum Liebenden wirst
und mit mir stirbst.

Genug der Worte

Worte wollen
Worte sein
dringen tief
Seelenpein
Worte teilen
Worte heilen
Worte hören
Worte stören

Worte haben
Lust auf Narben
Worte schmachten
Worte schlachten
Worte verstehen
Worte verdrehen
Worte hassen
Worte lassen

Worte berühren
Worte verführen
Glut entfachen
Fehler machen
Worte brennen
alles nieder
Worte schreiben
Liebeslieder

Worte zimmern
Träume ins Herz
Worte wimmern
zu viel Schmerz
Worte tropfen
aus der Hand
Worte klopfen
an die Herzscheidewand

Worte trudeln
Worte ertrinken
lassen tief blicken
tief wie sie sinken
hörst du das Rauschen?
du musst nur lauschen.
Worte verloren
wiedergeboren

Worte wandern
von einem
zum andern
der Hass
liebt Worte
die Liebe
ihren Klang
Worte enden
Worten weinen
im Neuanfang

Worte dringen
Worte drängen
Worte wringen
sich ächzend aus
Worte atmen
Worte ersticken
dicken ein
dünnen aus

                    Worte spinnen
                    Zeilen verrinnen
                    sind verboten
                    lösen Knoten
                    Worte verbinden
                    Worte verrennen
                    Worte schinden
                    Sinn verkennen

Worte trennen
Spreu vom Weizen
Worte locken
mit süßen Reizen
Worte betören
Worte erhören
Worte haben
um sich geschlagen

                    fein gefühlt
                    grob geschlachtet
                    aufgewühlt
                    Regeln missachtet
                    Worte scheitern
                    Worte siegen
                    wir hassen sie

weil wir sie lieben

»Genug der Worte«,
sagten die Worte
und verließen
wortlos die Arena.

Glücksgewühle

ins Glück
gefallen
das Glück
gefühlt
so viel
so tief
so tief
zu tief
das Glück
gefühlt
vor Glück
gelacht
so schön
so laut
so laut
zu laut
das Glück
zerdacht
das Glück
zerpflückt
so sehr
so tief
so tief

zu tief
zu tief
im Glück
gegraben
im Glück
gewühlt
so viel
so sehr
so tief
so schön
ins Unglück
gestürzt

Jäger des Glücks

IMMER
MEHR
MEHR
MEHR
MUSS ES SEIN

ALLES SOLL
BEIM ALTEN BLEIBEN
ABER
BITTE
BITTE
BITTE
NOCH MEHR
MEHR
MEHR
GUTES DAZU

BESSER
MUSS ES WERDEN
BIS ES AM
ALLER
ALLER
ALLER
BESTEN
IST

ALSO JAGEN WIR
WEITER
WEITER
WEITER
NACH DEM GANZ GROßEN GLÜCK
DER VOLLKOMMENEN ERFÜLLUNG

GIER
WIR
MEINS
DEINS
TICK TACK
TICK TACK
TICK TACK

TICK
TACK
LÄUFT
DIE LEBENSZEIT
DAVON
UND
WIR
SIND
TOT
TOT
TOT

UND HABEN NIE
DAS KLEINE GROßE GLÜCK
GENOSSEN

Moment des Glücks

Ich hätte sterben können.

Ich hätte
sterben können
vor Glück.
Doch starb ich
vor Angst,
nie mehr
vor Glück
sterben
zu können.

Bis ich begriff,
dass Glück
unendlich wird,
in dem Moment,
wenn man begreift,
dass Glück
endlich ist.

Götterdämmerung

Liebestoll

♡

Gott Liebe wacht
und lacht
ewig gleich
im Himmelreich.

Ach Gott –
voller Geigen hängt der Himmel,
wolkenlos das Glück hoch hängt,
pure Freude mit allen Sinnen,
in die Liebe verliebt oder – gezwängt?

»Jetzt müsst Ihr lieben!
Wenn nicht jetzt – wann dann?«,
schreit der Gott Liebe
die Lieblosen an.
»Greift ins Glück,
suhlt Euch darin!
Liebt mich, Liebe,
nehmt mich hin!«

»Nein«, raunen wir,
»wir lieben dich nicht,
du verbiegst dich nur
für ein Gedicht.
So schön, wie du glaubst,
bist und warst du nie,
du treibst nur Herzen herum
wie ein Hirte sein Vieh.«

»Im Himmelreich sind alle gleich!«,
flucht der liebe Liebesgott,
»Unwürdige, aus meinem Reich,
ab mit Euch – aufs Schafott!«

So lassen alle
die nicht müssen wollen,
voller Inbrunst
ihre Köpfe rollen.

Aufgespießt auf langen Pfählen,
Köpfe, die kein Herz mehr quälen,
schauen hinab auf Abgott Liebe,
und seine seltsamen Liebestriebe.

Ach Gottchen –
er wacht und lacht nicht mehr,
dafür weint und greint er sehr.

»Die Liebe steht nie vor Gericht!«,
klagt er –

und begreift sie nicht.

Ungestörtes Grundrauschen

Rauschen im Hirn
Worte wünschen
Worte wollen
Worte werden

Rauschen im Herz
Gefühle wünschen
Gefühle wollen
Gefühle werden

Rauschen überall
zu viel von Allem
zu wenig von Nichts
zu viel Rauschen

Geister gerufen
viel zu viele
Seelen flüstern
viel zu laut

Herzen weinen
brechen, sterben
im Rauschen
ungehört

Derweil
Worte wachsen
ungestört
im Rauschen
über sich hinaus

Wir hatten niemals Halt

Wir hatten noch niemals Halt.
        Es fühlte sich nur so an.

immer
im Rausch gewesen
des Machens
des Müssens
des Wollens
des Sollens
des Könnens
des Dürfens
im Rausch
der Freiheiten
der unbegrenzten
Möglichkeiten
gehetzt
gerannt
bis zur Erschöpfung
ausgebrannt

geplagt
geklagt
weiter gejagt
undosiert
konsumiert
das Leben
mit Leben
überfüllt
feine Menschenmasken
übergestülpt
immer weiter
immer so
nicht unglücklich
und doch nicht froh

wir schaukelten hin
wir schaukelten her
hofften immer
da kommt
noch mehr

nun im Stillstand
erfahren wir
Halt in uns
existiert
nicht mehr

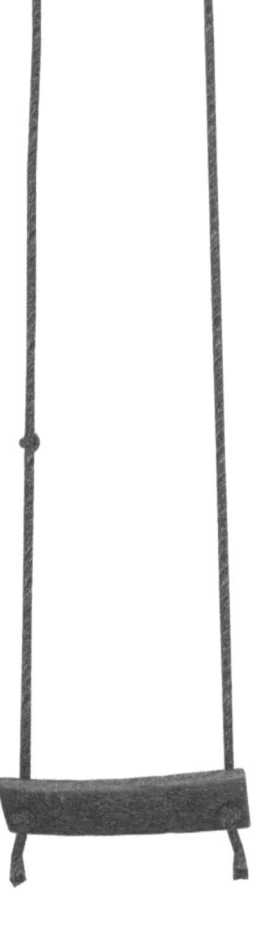

Wir hatten längst den Halt verloren.
Es fühlte sich nur nicht so an.

Hand aufs Herz!

Fühlst du dort
wirklich Schmerz?

Oder ist es
nur eine Erinnerung ...

... von der dein Herz
nicht lassen kann?

Einsamkeit eines Baumes

Er steht allein
auf weiter Flur
oder dicht an dicht
im Leben pur
mit Zeitgenossen
unverdrossen,
doch auch dann ~
kommt keiner
wirklich
an ihn ran.
Er weiß nicht,
dass er was
vermisst,
er ist der,
der alles
und nichts
zugleich
vergisst.

Niemals
spürt er
einen
anderen,
niemals
fühlt er
etwas
außer sich,
er weiß
trotzdem
nichts ~
über
sein
Ich.

Er verwurzelt sich,
er verästelt sich,
blüht auf und ab
durch jede Zeit
so vieler Jahre,
nur echte Nähe ~
kommt nicht in Frage.

Plötzlich
ist er gefällt,
sein Leben verfällt,
er liegt darnieder,
aufgestapelt
mit anderen
seiner Zeit,
Rinde an Rinde
spürt er ~
die Einsamkeit,
wie sie so viele Jahre
in seinem Herzen saß,
sein Leben stahl,
sein Ich zerfraß.

Jetzt,
viel zu spät,
ist er
sich
selbst
und den Seinen
nah,
das ist traurig ~
aber wahr.

Herz
Aus
Fall

Ob es zerschellt,
ob's landet weich,
wenn das Herz fällt,
ist es ihm gleich.

Wohin es fällt,
dort will es sein,
ob himmelschön,
ob Höllenpein.

Wenn dein Herz fällt,
halt es nicht auf,
es ist viel stärker,
als du glaubst.

Herzbefragung

So tief bist du gesunken,
doch fiel ich auf die Knie.
»Warum?«, frage ich mein Herz.
»Das«, raunt es ganz leise,
»erfährst du niemals nie.«

[WAS FRAGST DU DEIN HERZ?]

Herzbeutel
Entzündung

... im Herz erfüllt
mit so viel
Liebe
Liebe
Liebe
heiß erfüllte Leidenschaft
entfachte Glut
entzündete noch viel mehr
Liebe
Liebe
Liebe
im Herzbeutel
im Überfluss
rauscht
fließt
rinnt
davon
davon
davon
die Liebe
im Fluss
im Überdruss
entzündet
gebeutelt
im Herz ...

Ich kann
dein Herz
nicht heilen

Ich kann dein

Herz

nicht heilen, sagte er,
dazu gehören immer zwei.

Dass **allein** er
es einst zerbrach
und noch zerbricht,
das, nein, das sagte er nicht.

Herz
im
Haus

Stell dir einmal vor,
dein Herz
wäre ein Haus.

Schaust du
hinein
oder
hinaus?

Was wäre
dein Herz
für ein Haus?

Unser letzter Wille

Im Herbst soll es sein,
wenn sich die Blätter färben,
wenn die Welt,
in warme Farben getaucht,
die Gluthitze des Sommers vergisst.

Im Herbst soll es sein,
wenn die Blätter gefallen sind,
wenn die Welt,
kahler und nüchtern geworden,
sich für die Eisigkeit des Winters rüstet.

Im Herbst soll es sein,
wenn sich die Welt verdunkelt,
wenn wir,
grau und müde geworden,
für immer gehen.

Hinterher
ist man immer schlauer

Du wirst niemals wissen,
wer du bist ...

                    ... bevor du nicht
                        gewesen bist.

[BIST DU HEUTE SCHON GEWESEN?]

Hör
Bar

Worte, wie neben den Aschenbecher gefallene
Zigarettenglut, gut gezielt und doch daneben.
Die Barfrau, die nie lächelt, wischt sie
später weg. Mit einem alten Lumpen,
der schon so vieles wegwusch.

Worte, wie die Klänge eines Barpianisten,
gut eingespielt und doch nicht gewertschätzt
von den Gästen. Sie bemerken noch nicht
einmal, wenn er sich verspielt. Erst recht
sehen sie seine Tränen nicht, die aus seinen
vom Zigarettenqualm gereizten Augen
auf die Tasten tropfen.

Sie umarmt sich selbst. Ihre Fingerspitzen
tippeln über ihre Haut und sie stellt sich vor,
es wären seine. Er, am anderen Ende
der Welt, sitzt am Klavier und spielt ihr Lied.
Davon weiß sie nichts.

Sie zündet sich eine Zigarette an und zieht
zweimal tief daran. *One for you. One for me*,
denkt sie und ihr Fuß wippt dabei im Takt
der Melodie, die er spielt.

Jemand bläst ihm Rauch ins Gesicht
und er stellt sich vor, sie wäre es.

»Ich liebe dich«, flüstert sie, während sie
lächelnd die neben den Aschenbecher
gefallene Zigarettenglut vom Tisch fegt.

Davon weiß er nichts.
»Ich dich auch«, hört er sich sagen
und weiß nicht, warum.

Am Morgen schaltet sich die Liebe ein …

Am Morgen schaltet sich die Liebe ein,
am Abend wieder aus,
sie kommt, sie geht,
hinein,
hinaus,
in das Herz,
in den Schmerz,
sie bleibt,
obwohl sie stirbt,
sie liebt,
doch sie verbirgt,
ihre Trauer,
ihre Mauer,
die Tag um Tag
wie Stein auf Stein
wächst und gedeiht
in ihrem Sein,
das in der Nacht
die Wahrheit spricht,
die Liebe bricht,
die Liebe bricht.

Die Liebe zerbricht
an ihrer Pflicht,
wahr und unendlich
zu sein,
immer mein,
immer dein,
immer da,
egal, was war,
egal, was ist,
ob Lug, ob List,
ob Zweifel
oder Sorgen,
schon am nächsten Morgen,
nach liebloser Nacht,
hat sie sich erneut
nicht umgebracht,
sie hat sich selbst
im Sehnen einverleibt,
die Liebe bleibt,
die Liebe bleibt.

Hörsturz

Der Tag wird kommen.
Der Tag, an welchem unsere Klagelieder so
laut erklingen, dass wir unsere eigene Melodie
nicht mehr erkennen. Nur noch Gleichklang,
nur noch Rauschen, nur noch Monotonie,
hinter der sich ein diffuses, verzerrtes
Kreischen erahnen lässt, ist alles, was wir
hören. Der Unterton. Er bahnt sich seinen
Weg, schwillt an, will jubilieren, doch das
dumpf grässliche Grundrauschen lässt sich
nicht unterkriegen. Der Bass grätscht rein,
funkt dazwischen, gibt den Takt vor, fast
diktatorisch, das Tempo, die Dynamik, und
für einen klitzekleinen Moment herrscht
Harmonie. Doch war er nur ein kurzes
Zwischenspiel flirrender Sehnsüchte, bevor
ihr lieblicher Singsang in den Schalllöchern
verstirbt. Bittersüße Wahrheiten begeben sich
erneut auf ihren Müßiggang, nur um in der
Partitur willkürlicher Lügen unterzugehen.
So viele Stimmen, die sich aufeinanderlegen,
doch der Dirigent ist schon lange tot.
Der Tag wird kommen.

Hydra

Wir verlieren unsere Köpfe,
an deren Stelle uns
zwei neue wachsen.
Wir finden das schön.
Wir schaffen uns.
Wir verbeißen uns,
zerreißen uns,
kratzen uns die Augen aus
und reißen uns die Ohren ab.
Wir finden das schön.
Wie sind nur noch Schädel
mit Nasen und Mündern.
Wir riechen uns,
schmecken uns
und küssen uns
mit tausend Lippen.
Wir finden das schön.
Wir sollten es besser lassen.
Das Hassen.
Das Lieben.
Mit Hieben.
Aber wir scheitern
und lieben uns zu Tode.
Wir finden das schön.

Ich. Ich. Ich.

Ich finde mich toll.
Ich bin stolz auf mich.
Ich habe mich allem gestellt.

Ich habe mich der Welt gestellt.
Ich habe mich dem Leben gestellt.
Ich habe mich den Menschen gestellt.

Der Liebe,
der Treue,
der Freundschaft.

Dem Hass,
dem Verrat,
dem Verlust.

Dem Tod,
der Trauer,
dem Schmerz.

Alles davon brachte mich
an und über meine Grenzen.
Nichts davon
hat mich zerstört.

Ich war nie im Krieg,
ich litt nie Hunger,
doch weiß ich,
wie sich tiefes Leid anfühlt.

Du musst mir
davon nichts erzählen.
Du musst mir
überhaupt nichts erzählen.

Ich sehe es.
Ich höre es.
Ich schmecke es.
Ich fühle es.

Über den
Tellerrand hinaus.
Hinter dem
Horizont.

Du musst mir nicht sagen,
dass ich gut bin.
Du musst mir nicht sagen,
dass ich schlecht bin.

Ich weiß, was ich kann.
Ich weiß, was ich will.
Ich weiß, was ich weiß.
Ich weiß, was ich bin.

Ich bin der Hochmut.
Ich bin die Demut.
Ich bin die Ambivalenz.
Ich bin die Konsequenz.

Ich bekämpfe mich.
Ich befriede mich.
Ich vereine mich
mit mir selbst.

Ich bin fehlerhaft
und fabelhaft.
Ich bin toll
und wundervoll.

Ich gebe nicht vor,
mehr als das zu sein,
was ich bin.

Ich
liebe
meine Fehler.

Ich
liebe
meine Wunder.

Ich
liebe
mich.

Mich. Mich. Mich.

Ich bin fehlerhaft
und fabelhaft.
Ich bin toll
und wundervoll.

Im Wasser
können wir
das Meer nicht sehen

Wie machen wir das jetzt? Mehr Denken,
mehr Fühlen? Mehr Sein? Mehr Schein?
Mehr Lassen? Mehr Seinlassen? Loslassen?
Losgehen? Gehenlassen? Auslassen?
Einlassen? Lassen lassen?
Wenn wir ohnehin ertrinken, sollten wir im
Meer sein! Mehr im Meer sein? Immer sein,
immer so viel mehr sein. Wir forschen nach
der Losung in unserem Meer, reißen uns los
und tauchen ab. AUGEN AUF und durch.
Wir sehen ...
Alles voller ausrangierter Schubladen, in die
unser Ego nicht passen will. Unzählige Stäbe,
an denen wir uns nicht messen wollen
und einige gebrochene sind auch dabei.
Hier und da stecken sie noch fest im Schädel
unserer Avatare, deren finale Anzahl
noch immer im Dunkeln liegt.
Würfelbecher, Kartenspiele, Spielfiguren.
Wohin wir schauen Spielerglück. Wir spielen
Ablasshandel mit uns selbst. Da gewinnen wir
in jedem Fall. Dass wir dabei auch verlieren,
ziehen wir später in Betracht. Später.
Immer später wird es. Es wird Herbst.

Und wir verlieren uns in unserer
Farbenpracht unserer fallenden Blätter.
Es sind viele, viel zu viele. Es ist kein Wunder,
dass wir rauschen. Es wird Zeit für Reduktion.
Konzentration. Auf das Wesentliche.
Unser Wesen lichtet sich. So langsam,
viel zu langsam. Im Zwielicht ist es mollig
warm, doch oft vermissen wir das Licht.
Und Kälte. So sehr wünschen wir uns
etwas Kälte. Klirrend soll sie sein.
Und einschneidend. Eine scharfe Klinge
muss es sein, die klare Grenzen zieht.
Wir ziehen uns nur unablässig hin und her.
Es zieht in unserem Bauch, wenn Rebellion
im Anmarsch ist. Im Stolperschritt
marschieren ist so anstrengend. Die Strenge
ist ein ungelöstes Rätsel in uns. Sie findet
kein Maß und tut es uns gleich.
Hemmungslos versucht sie uns.
Entzündet uns. Heilt uns wieder.
Und wir lassen all das zu.
Wir schlagen zu und auf uns ein, allein für die
Berechtigung danach wieder zärtlich zu sein.
Zu uns. Allein zu uns. Die Gewährung
das Herz zu öffnen, erteilen wir uns selbst.
Selbst öffnen wir auch die Hintertür
und schleichen uns davon.

Wir laufen im Kreis und finden wieder nur
unser Meer. Abermals tauchen wir ab.
Augen zu und durch ...
Wir wollen das alles nicht noch einmal sehen
– und finden den Ausschaltknopf so niemals
mehr. Wir wollen ihn nicht unbedingt
drücken. Aber zu wissen, wo er wäre,
das fänden wir schön. Wenn wir glauben,
ihn gefunden zu haben, entgleitet er uns
wie ein glitschiger Fisch. Und das in unserem
eigenen Meer. Er zwingt uns,
zu Tiefseetauchern zu werden.
Blindlings folgen wir ihm in die Tiefe.
Und sehen ...
Bizarre Kreaturen, für die selbst unsere
Phantasie keine Bilder hätte malen können.
Wir starren die fremden Wesen an
und sie starren zurück. Sie sehen ebenfalls
glitschig aus und wären wir nicht in unserem
Meer, wären wir uns sicher, dass sie sabbern
würden. Eines der Geschöpfe sucht unsere
Nähe und wir gestatten es ihm. Ganz sanft
streichelt es über unsere Wangen und begrüßt
uns freundlich ... in unserer Welt? Es flüstert
uns etwas zu und bringt uns zum Lachen, weil
wir in unserem Meer nicht weinen können.
Welch wundervolle Welt. Das Wesen sagt uns,
wir seien schon häufig dort gewesen,
doch immer mit geschlossenen Augen.
Und dass wir ganz schön glitschig sind ...
im Wundwasser unseres Lebens.

In den Ästen

In den Ästen
hängt dein Herz.
Niemand kann dir nehmen,
was in seinem Inneren fließt.
Auch wenn es gerade aus dir
heraustropft,
dann fließt,
dann sprudelt,
ich stehe
unter den Ästen
und fange
alles auf,
in Bechern,
in Eimern,
in Tonnen,
wenn es nötig ist.
Nichts geht verloren,
du gehst nicht verloren,
Ich fange dich auf.
Ich fülle dich auf.
Ich klettere zu dir hinauf
und hänge mein Herz
zu deinem in die Äste.

In Dubio
Pro Reo

Gedicht
Gericht

Ja, ich will.
Ja, ich muss.
Ja, so ist es.

Ich muss sie richten, alles vernichten,
immer streben nach totem Leben,
erst betören,
dann verstören.

In verstopfte Synapsen
muss ich mich verbeißen,
verbitterte Herzen
in tausend Stücke reißen.

Ich niste mich ein
in allen Ritzen,
Blut muss fließen,
Hirnsaft spritzen.

Seelen erzittern,
Knochen splittern,
Gewebe gibt auf,
Gekröse platzt auf.

Das Schwarz muss ich
vom Weißen trennen,
die Hölle entfachen,
den Himmel verbrennen.

Neues Grau
will ich erschaffen,
ich muss sie erschlagen
mit ihren Waffen.

Dann liegen sie da,
verzweifelt vor Klarheit,
sie beben und jaulen,
erregt von der Wahrheit.

Was bleibt zurück?
Ein Häufchen
Elend
voller Glück.

Ja, so ist es,
attestieren sie,
wer ich bin,
erfahren sie nie.

Ich habe sie gerichtet, alles verdichtet,
nun kann ich in Liebe gehen,
macht es gut, ihr Helden,
auf Wiedersehen.

**Ja
um
Ja**

Ich,
Frühlingserwachen in der Seele,
Sommertraum im Herz.
Du,
Herbst im Kopf,
kalt wie der Winter.
Wir,
zusammen
ergeben wir ein Jahr,
ergeben wir uns,
vergeben wir uns
Jahr um Jahr
um Jahr
um Jahr
um Jahr
um Jahr
um Jahr
um
Ja
um
Ja.
Ja,
ich will.

[WAS WILLST DU?]

Zeitrechnung

Wenn Sekunden
gefühlt zu Minuten
und Minuten
zu Stunden
werden können,
ist es dann auch möglich,
dass wenige Tage
ein Jahr ergeben
und ein Jahr
ein ganzes Leben?

Kampfansage

Ist
ES
mehr
wert,
weil du
darum
kämpfen
musst?

Ist
ES
weniger
wert,
wenn
ES
einfach
IST
und
bleibt?

Ist
jeder
Kampf
es
wirklich
wert?

Keine
Liebe
mehr

ich will dich

doch will ich

keine liebe mehr

nicht mehr lieben

nicht mehr geliebt werden

ich will nur sein

allein

mit meiner vorstellung

von liebe

von lieben

von geliebt werden

von dir

allein

Die Liebe ist
ein Kinderspiel

Dreh' dich nicht um,
denn die Liebe geht um.
Wer sich umdreht oder lacht,
kriegt das Leben schwer gemacht.

... die Liebe fällt,
ein Jeder rennt,
wer wen wohl fängt,
wer nimmt den Platz
des Anderen ein,
wer will der Erste
und nicht der Letzte sein?
Wer war blind und taub
für der leisen Liebe Fall,
wer hört den süßen Widerhall,
wer hat sich getraut,
nicht hinzusehen
und trotzdem
seinen Weg zu gehen,
nicht wissend,
ob Liebe fiel,
nein, die Liebe ist
kein Kinderspiel ...

Kopf
Dichtung

Gedanken,
nicht gedacht.
Worte,
nicht gesprochen.
Fragen,
nicht gefragt.
Gefühle,
nicht gefühlt.
Schmerzen,
nicht gespürt.
Niemanden
verletzt.
Niemanden
geliebt.
Der Kopf
ist frei.
Das Herz
liegt brach.

Kurz gebraten
Gar geschmort

Hast du den Braten nicht gerochen?

Des Teufels Braten
duftet nach Glück.

Lieblich süß, herzallerliebst
schlägt er Schneisen in das,
was du für unverwüstbar hieltest.

Alles.

Auf den Kopf
gestellt.

Liebevoll, zärtlich
reibt er Salz in Wunden,
die du längst für verheilt gehalten hattest.

Alle.

Neu
aufgerissen.

Fürsorglich, achtsam
schneidet er dein Hirn in Scheiben,
damit er dein Denken
neu zusammensetzen kann.

Alles.

Denk
was er will.

Liebkosend, begehrend
entfernt er deine Augenlider,
damit du ewig sehend bist.

Sieh
ihn.

Immer.

Überliebend, fanatisch
reißt er dir den Brustkorb auf,
damit dein Herz noch lauter schlägt.

Für
ihn.

Ewiglich.

Schmatzend, rülpsend
frisst er dich mit Haut und Haar,
damit bist du immer seine Hauptspeise,
auch wenn er längst verschwunden ist.

Des Teufels Braten
bist du.

Hin und weg geschaut

UNSERE LIEBE IST SO ALT
WIE DAS LEBEN

UNSER LEBEN
UMARMT DIE LIEBE

DIE LIEBE
UMARMT UNS

UND WIR
SCHAUEN WEG

[WOHIN SCHAUST DU?]

Leben retten

Unsere Wanderung durch unser Leben neigt
sich seltsam laut und zugleich leise unserem
Ende zu. Wir marschierten über hohe Berge
und versuchten, auf die Wolken zu klettern.
Wir quälten uns durch tiefe Täler
und schlugen Schneisen in unser Glück.
Wir flogen hoch, wir fielen tief und erreichen
nun erschöpft das Meer, die Quelle unserer
Tränen aus Freude und Leid.
Blindlings stolpern wir über die Balken in
unseren Augen direkt hinein, versinken
in den düsternen Tiefen unter unseren
glitzernden Oberflächen, auf denen wir
uns kurz zuvor noch spiegelten,
und strampeln um unser Leben.
Opfer und Täter sind wir zugleich.
Vom Ufer aus schauen wir uns selbst
beim Sterben zu und lauschen unseren
gurgelnden, dann erstickenden Schreien.
Wir sitzen im Sand und lassen uns andächtig
durch unsere Hände rieseln. Jedes Sandkorn
ist ein Wort, ein Erlebnis, ein Gefühl.
Wir schauen uns um und sehen,
wie viele es davon gab ...

... und fragen uns abwägend,
wie viele es wohl noch geben könnte,
wenn wir jetzt noch einmal
unser Leben retten würden?

Vereinigung

WIR SCHWELGEN

IN DER GROßARTIGKEIT

DES VOLLKOMMENEN

WIR ERFÜLLEN UNS

MIT DANKBARKEIT

UNWEIT ENTFERNT

DIE GRAUSAMKEIT

DES SEINS

WIR SIND VEREINT

Ein Platz ist leer

Du verschwindest und ich schaue,
was von dir übrig bleibt.
Dein Platz ist leer,
doch du hast die Sehnsucht
für mich hier gelassen.
Mein ganzes Alles
strebt nach dir.

Du kommst zurück und versprichst,
nie mehr zu gehen.
Und du verschwindest wieder.
Du kommst zurück und versprichst,
nicht mehr zu gehen.
Und du verschwindest wieder.
Du kommst zurück und versprichst,
etwas länger zu bleiben,
bevor du wieder
verschwindest.

Du kommst zurück und suchst,
was du zurückgelassen hast.
Mein Platz ist leer,
von mir ist nichts mehr übrig.
Ich bin verschwunden
und ich habe die Sehnsucht
mitgenommen.

Dein kleines Bisschen
strebt nach mir.

Ich komme nicht zurück.
Das verspreche ich mir.

Liebe
immerzu

Liebe, immerzu Liebe,
lusttrunken ins Leben fliegend,
taumelnd ins Glück,
drehend wie ein Kreisel
um mich selbst,
um die Welt,
die Welt bin ich,
träume ich,
die Welt bist du,
träume ich
uns zusammen,
die Welt ist
das Leben,
rotierend
auf der Basis
eines diffusen Wir,
verträumt
um die Achse
des Glücks,
trunken vor Lust,
taumelnd im Schmerz
vergifteter Liebe.
Liebe, immerhin Liebe,
wankelmütig,
fliegt davon.

Lieben
wie ein
Leprechaun

wir haben den Regen
für Tropfen belogen
die Sonne
um ihre Strahlen betrogen

unser Regenbogen
hat keine Farben
unser Regenbogen
besteht aus Narben

messerscharfe Worte
in Liebe versprochen
subtile Verheißungen
ins Herz gestochen

bittere Heucheleien
fadenscheinig aufgesogen
zu süßen Wahrheiten
zurechtgebogen

nur in weiter Ferne
in manch dunkler Nacht
leuchten wir wie Sterne
und geben auf uns acht

doch wir haben keine Sonne
wir können nicht mehr scheinen
wir regnen nicht, es regt sich nichts
außer tränenlosem Weinen

unser Regenbogen
ist in Wolken verwoben
unser Regenbogen
ist uns davongeflogen

[In Irland sagt man,
dass am Ende eines Regenbogens
ein Schatz verborgen ist.
Regenbögen gelten als Brücke zwischen der Welt
der Menschen und der der Leprechauns, der Kobolde.
Die Leprechauns sind der Sage nach sehr geizig
und nutzen das Ende des Regenbogens dazu,
ihre Schätze vor den Menschen zu verstecken.
Ein Leprechaun übergibt seinen Topf mit Gold
dem Menschen, der es schafft, ihm das Geheimnis
des Ortes zu entlocken,
an dem sich der Schatz genau befindet.
Die Leprechauns sind sehr scheu und trickreich
zugleich und verschwinden schnell wieder,
daher muss man sie an den Schultern packen
und nicht mehr loslassen,
sobald man sie zu sehen bekommt.]

Liebes Gericht

Ich schreibe Geschichte,
in der ich uns richte,
in der du mich liebst
zutiefst,
zutiefst.

Ich singe ein Lied,
was wahr ist,
was blieb,
über dich,
über mich,
ewiglich,
ewiglich.

Nichts ist gelogen,
nichts ist da,
ich liebe dich,
nur dich,
so wahr,
so wahr.

Liebes
Geschwür

ich LIEBE dich
doch lieb ich mich
selbst noch viel mehr
so sagte er

nur dann und wann
zog er mich ran
und küsste mich
ganz feierlich

so intensiv
so exzessiv
gab ich mich hin
ganz ohne sinn

dem feinen mann
der alles kann
nur gern vergisst
was LIEBE ist

so stellt er fest:
er ist allein
das darf so nicht!
das kann nicht sein!

du liebst mich nicht?
empört er sich
ich LIEBE dich!
und du mich nicht?

so fragt er dann
und schaut mich an
wie ich es denn wagen kann?
sei er doch wohl der schönste mann!

ich LIEBE dich
so sagte ich
doch lieb ich mich
nun mehr als dich

Spiegel der Liebe

Dein seltsames Lieben
hat mir gezeigt,
wer ich bin.

Ich liebe nicht,
wie du mich siehst,
aber es ist schön,
dass du mich
trotzdem liebst.

Deine seltsame Liebe
ist der bitterste Spiegel
meines Selbst.

Lockdown

Wir sind Verlorene.
Ich habe mich verloren.
Du hast dich verloren.
Wir haben unsere
Welten verloren.
Wir verbrennen
und löschen uns
mit Feuer.
Wir ertrinken
und schwimmen
uns wieder frei.
Wir haben uns ...
... ineinander verloren.
Ich in Dir.
Du in Mir.
Wir in unserer Welt.
Wir verdrehen uns in ihr.
Wir zerstören sie.
Wir zerbröckeln.
Wir bauen sie
wieder auf.
Wir setzen uns
wieder zusammen.
Wir bluten aus.
Wir erfüllen uns.
Ich halte an dir fest.
Du hältst an mir fest.

Wir
halten
uns
zusammen.
Wir retten unsere Welt.
Wir sind nicht
mehr verloren.
Zusammenhalt.
Auch wenn die verfluchte Welt
gerade vor die Hunde geht.

Love

... it feels like love

but this is sad

it is not love

but it is not bad ...

Mehr
Liebe

Es ist da,
immer da,
ob wir
hinschauen
oder nicht,
immerzu
ist es
allgegenwärtig da,
das Meer.

Wie die LIEBE.

Das Meer

IST

vielleicht
die Liebe.
So blau,
so blau,
zu blau,
viel zu blau,
ertrinken wir
blauäugig
im Mehr der Liebe.

Moment
Mal

Es kommt der Moment,
da wird das
DEN MOMENT GENIESSEN
zur Qual.

Irgendwann wünsche
ich mir doch,
dass er für immer bleibt.

Der Moment,
der nie vergeht,
der Moment,
der niemals stirbt.

Doch alles geht,
der Moment
und mit ihm Du.

Zurück bleibt
das Mal der Erinnerung
an den Moment,
der ewig schien.

[WAS IST DEIN MOMENT?]

Morgenflügel

Der Morgen,
so schön einfach,
Schlichtheit, die bezaubert,
Ruhe, die betört,
innere Kriege ruhen,
Frieden in allen Sinnen.

Der Morgen,
so schön einfach,
so leicht, so sanft,
Flügel wachsen,
doch wir brauchen sie nicht,
wir sind die Flügel selbst.

Morgensorgen

WIE KANNST DU

DIR SO SICHER SEIN,

DASS WIR

MORGEN

EIN MORGEN

HABEN?

WIE KANNST DU DIR

SO SICHER SEIN,

DASS ES

EIN MORGEN

GIBT?

Auf Gedeih und Verderb

Nachwuchs

Fruchtbar bin ich,
gedeihen will ich es spüren,
reifen soll es, tief berühren.

Gebären will ich es,
auf fruchtbaren Boden
soll es fallen, zart gewaltig nachhallen.

Schreien soll es, hoch erklingen,
dumpf soll es poltern,
grob wohlklingen.

Es soll inspirieren, paralysieren,
ergreifen, zerreißen, sich selbst
in blanke Steine meißeln.

Ein Gigant unter Riesen,
so groß soll es sein
allmächtig wirken, nur es allein.

Als es kam,
seufzte es
und verdarb.
Das wars.

zuNAHme

unnahbar
bin ich

nicht

ich bin

nur nah
bei mir

[BIST DU DIR NAH?]

Dem Kind
einen Namen geben

ausgeburt des geistes
trägt faule früchte

des geistes kindeskind
zum leben erwacht
einen namen gegeben
nun existiert es
wahrhaftig

ein ruf
ein echo
ein schmerz
ein so tiefer
schmerz

besser
ruf nichts
frag nichts
lass es
einfach sein

Nie verschickter Liebesbrief

♡

Ich liebe dich.
Du hast dir selbst
dein Herz gebrochen,
damit dein Herz
dir nicht dein Rückgrat bricht.
Mehr konntest du nicht tun für mich.
Ich liebe dich,
mein Ich.

♡

Unterseite der Oberfläche

Träge dümpeln und wabern wir an der
Oberfläche herum. Es ist so einfach,
über übel riechende Leichenberge zu
krabbeln. Arme, Beine, lose Köpfe. Und
Gekröse, so viel Gekröse auf blitzeblanker
Oberfläche,
worauf es sich leicht ausrutschen lässt.
Aus allem tropfen und fließen zähe, alte Säfte,
die sich in uns sammeln wie am Boden
eines modrigen Erdlochs und uns vergiften
und verderben, bis unsere verdörrte Haut
zu knistern beginnt. Immer so weiter, weiter,
weiter sollen wir sinnlos aus fremden
Gedärmen Saiten spinnen, mit welchen wir
niemals unsere eigene Melodie
spielen werden können.

Oh Himmel,
mein Herz

Nun liege ich hier
am Ende meines Weges
unter dem Baum
unserer Erinnerung.

Seine Rinde ist wie wir
bemalt von den Jahren,
gezeichnet von Gut,
geschändet von Böse.

Seine Kreise wurden größer,
seine Krone riesig,
er wurzelt tief in Mutter Erde
so wie wir.

Mein letzter Gedanke,
mein Herz,
ich prophezeite es dir,
du glaubtest es nicht,
du hofftest es nur,
doch Gewissheit fandest du nie,
mein letzter Gedanke
gilt alleine dir.

Im nächsten Leben,
wenn es das gibt,
finde ich dich früher.
Vielleicht werde ich
als dein Herz geboren
und schlage
so tief in dir,
wie mein Herz es tat für dich.

Oh Himmel,
mein Herz,
wie laut und heftig
es für dich schlug,
obwohl es ahnte,
dass du es nicht hörst,
obwohl es spürte,
dass du es nicht siehst

Obwohl du ...
nichts anderes tatest,
als es anzusehen.

Viel
leicht
hat es zu hell für dich gestrahlt.
Viel
leicht hat es dich blind gemacht.
Viel
leicht hat es zu sicher für dich geschlagen.
Viel
leicht hat es dir Angst gemacht.

Jetzt ist es
viel
leichter
für mich, das zu verstehen.

Nun liege ich hier
am Ende meines Weges
und begreife,
was die Wahrheit ist.

Mein Herz ist erschüttert,
denn es ertrug nicht mehr
zu sehen, wie einsam
und verloren du in dir bist.

Ich lausche
auf seine letzten Schläge,
Herzblut tropft zäh wie Honig
aus mir hinaus.

Oh Himmel, mein Herz
will sich nicht leeren,
es möchte noch verweilen
auf dieser Welt
unter dem Baum
unserer Erinnerung.
Ich denke an dich.
Ich liebe dich.

Oh Himmel,
ist es plötzlich still.

Was hält das Leben,
was hält die Liebe aus?

~ was hält das Leben
was hält die Liebe
Erfüllenderes bereit
als den freien Fall
fallen
fallen
fallen
bis der Odem
an sich selbst
erstickt
weil alles
Sinn und Zweck
des Atmens
fickt
fallen
fallen
fallen

bis das Fallen
keine Angst
einflößt
weil alles
die Wahrheit
als Scharade
entblößt
fallen
fallen
fallen
alles ist
im Fluss
alles mündet
im Schluss

alles ist
waberndes Warten
auf den finalen Knall
alles ist
Enden
im freien Fall
frei
frei
frei
die Liebe ist
bezwungen
Herz und Hirn
sind ausgewrungen
das Leben ist endlich ~

~ das Leben
ist endlich
gebändigt
Verantwortung
ist ausgehändigt
die Freiheit
findet sich
im Widerhall
des Lösens
und im freien Fall
in der Sehnsucht
nach dem Aufschlag

zersplittert
bis ins Knochenmark
nach dem Fallen
in die Erlösung
voller Kraft
in die Verwesung
von dort aus
in den Neuanfang
bis zum nächsten
freien Fall ~

~ was hält das Leben
was hält die Liebe
aus? ~

Oh, lieb mich doch!

Oh, lieb mich doch,

säuselte sie klebrigsüß,

krallte sich habsüchtig

in sein längst schon

wund geliebtes Herz,

so fest, so arg,

bis es sich ächzend,

Ja doch, ja doch!,

kehlig winselnd

unter dem unbarmherzigen Druck

ihrer liebesgierigen Griffel ergab,

erstickte,

zerriss,

verstarb.

Passgenau

Vielleicht
hast du Glück,
vielleicht
auch nicht,
doch gibt es selten
ein Zurück.

Pass auf,
wenn er für dich Feuer fängt,
pass auf,
wenn er sagt, dass er dich kennt,
wie schnell
er dich seine Freundin nennt ...

Pass auf,
wie rasch sein Herz entfacht.
pass auf,
was er mit deiner Seele macht,
wie laut
er dabei fröhlich lacht ...

Pass auf,
wenn du sein Ein und Alles wirst,
pass auf,
dass du dich nicht verlierst,
wenn du
für leere Worte stirbst ...

Pass auf,
wenn er alles versteht,
pass auf,
woher der Wind wahrhaftig weht,
nimm wahr,
wenn er sich gegen dich dreht …

Vielleicht
hast du Glück,
vielleicht
auch nicht,
und findest irgendwann
zu dir zurück.

Pass auf dich auf.

[DAS ER IST
DURCH SIE
DURCHAUS
AUSTAUSCHBAR.]

Pech und Schwefel

Unsichtbare Tränen
tropfen
zäh wie Pech
auf Narben
ohne Farben.
Unsichtbare Herzen
plündern
gierig
wie Liebesdiebe
nach noch mehr Liebe.
Unsichtbare Hoffnung
verdunkelt sich
wie Wolken
das Firmament,
Liebe verbrennt.
Unsichtbare Wunden
schreien
laut wie Krieg
in Seelen,
die sich quälen.
Farben von Zukunft,
Farben von Seelen,
Schwarz auf Schwarz.
Die Farben
von Narben.

Protasis

weinend

vermissen
hinter den Kulissen
zwischen
verschlissenen Kissen
Zerwürfnissen
Versäumnissen
Geständnissen
Erkenntnissen
im Hadern
verbissen
in Hindernissen
Bedürfnissen
im Ungewissen
Herz zerrissen
durchgebissen
auf die Liebe geschissen

nicht mehr weinend

Ein Quadratmeter Welt

Als wir damals erwachten,
hatte der Nebel
die Welt verschlungen.
Er war so dicht,
dass wir nur einen Meter
weit sehen konnten.
Hand in Hand
marschierten wir los.
Wir wurden zu
zwei Quadratmetern
der Unendlichkeit
und nahmen
die Welt mit uns.

Sie bestand nur aus dem,
was das kleine Sichtfeld
im Nebel uns gestattete.
Schritt für Schritt
entdeckten wir Neues,
zugleich verschwand,
was wir zuvor erlebten.
Tag um Tag,
Nacht für Nacht.
Jahr um Jahr.

Die große, weite Welt
war klein geworden,
reduziert auf uns,
aufs Wesentliche,
aufs Selbst sein.

In einem unbedachten Moment
ließt du mich eines Tages los.
*Ich glaube, da vorne
hört der Nebel auf!,*
riefst du aufgeregt
und liefst davon.
Warte!,
rief ich dir hinterher,
doch der Nebel
verschlang meine Stimme,
dein Körper
wurde zur Silhouette,
deine Silhouette
zum Nichts.

Ich wartete,
dass du den Weg
zurück finden würdest,
harrte aus,
dass du mich holen
und ans Ende des Nebels
bringen würdest.
Tag um Tag,
Nacht für Nacht,
Jahr um Jahr.

Meine Welt wurde
zu einem Quadratmeter
der Unendlichkeit.

Als ich heute erwachte,
hatte der Nebel
mein Herz
verschlungen.

Wenn die Welt morgen erwacht,
bin ich verschwunden.

Träumen in Bäumen

Ich brauche Zeit,
Zeit für mich,
doch immerzu
denke ich an dich.
Was du wohl tust
mit deiner Zeit?
Denkst du an mich,
bist du bereit?
Für mich
und dich,
für unsere Zeit?
Ich brauche Raum,
Raum für mich,
doch immerzu
erfüllst du mich.
Du pflanzt Bäume
in meine Räume,
hoch in die Äste
hängst du Träume.

Aus ihnen soll
mal Leben werden,
doch das Schicksal
lässt sie sterben,
es zeigt seine
hässlichsten Fratzen,
lässt alle Träume
wieder platzen.
Doch zwischen
den Ästen
klebt Klarheit,
in den Wurzeln
der Bäume
wächst Wahrheit:
Für alle Zeit,
bist du
nicht bereit,
für mich
und dich,
für unsere Zeit.
Keine Zeit,
kein Raum,
kein Traum
immerzu,
das Schicksal,
weiß ich,
das spielst du.

Reise
ohne
Rückfahrschein

Und dann hast du
alles vergessen,
schleichend,
erst dies,
dann das,
schleichend,
das Bitte,
das Danke,
schleichend,
den Anfang des Satzes,
das Ende des Wortes,
schleichend,
die Musik,
die Kreativität,
schleichend,
die Freude,
die Lust,
schleichend,
die Liebe,
den Hass,
schleichend ...

Dann hast du
alles vergessen,
dich,
mich,
uns,
schleichend,
den Tag,
die Nacht,
schleichend,
das Gestern,
das Heute,
schleichend,
das Leben,
vielleicht sogar den Tod.
Dann hast du
dich davongeschlichen
und vergessen
zurückzukehren.

WWW.DEUTSCHE-ALZHEIMER.DE/DEMENZ-WISSEN/FRONTOTEMPORALE-DEMENZ

Ein kleines Fünkchen

Ich weiß,
dass ich dich nicht mehr retten kann.
Doch sollst du nie alleine sein.

Ein kleines Fünkchen
in
dir
wird
mich
immer
spüren.

Ich bin überall dort,
an jedem Ort,
wo du es nicht erwartest.

Ich bin im Haar
in deiner selbst eingebrockten Suppe,
ich bin in der seltenen
schönen Sternenschnuppe.

Ich bin im Sonnenstrahl,
der dich hell blendet,
ich bin in der fluffigen Wolke,
die dir fein Schatten spendet.

Ich bin im Vogelschiss
auf deiner Windschutzscheibe,
ich bin im Fett
an deinem alten Leibe.

Ich bin im Wind,
der dir entgegenweht,
ich bin im Song,
der dich zutiefst bewegt.

Ich bin in jedem Satz,
den du laut sprichst,
ich bin in jedem Wort,
welches du brichst.

Ich bin in jeder offenen Frage,
damit trägst du mich allein zu Grabe.

Auch wenn du das
niemals verstehst,
ich bin im Weg,
auf
dem
du
von
mir
gehst.

Ich weiß,
dass ich mich nicht mehr retten kann.
Doch sollst du nie alleine sein.

Überall bin ich in dir.
Ein kleiner Funke
spürt
das
in
mir.

Salz in der Suppe

Versalzen

ins Herz
geschlossen ~

sprudelndes Liebesmeer
liebt so sehr
tosende Gischt
an den Klippen bricht
Gefühle verkochen
sickern durch Knochen
Tropfen für Tropfen
hart aufgeschlagen
zu viele Fragen
Liebesmär
liebt nicht mehr
Frieden ersehnen
See aus Tränen
schwelende Glut
in glühender Wut
verdunstet zu Salz
Liebesschmalz
in suppender Wunde

~ das Herz
verschlossen

Salzrinnsal

Aus deinen Augen
rinnen keine Tränen mehr,
längst ist dein Licht erloschen.
In meinem Herzen brennt es weiter
wie ein Leuchtturm,
wie ein kleines Seelenlicht.
Dort sehe ich dich,
dort fühle ich dich,
dort schmerzt es mich,
wie einst das Salzrinnsal,
das aus deinen Augen floss,
ein Meer erschuf,
in dem du ertrankst
und das dein irdisches
Feuer löschte.
Aus deinen Augen
rinnen keine Tränen mehr.

Sanft
Er

Er war sanfter
geworden,
seitdem
er wusste,
dass seine Uhr
tickte.
Sie anzuhalten,
ergab keinen Sinn.

Sie aufzuziehen
auch nicht.

Gewächs im Schatten

Die Einsamkeit
in Schattenwelten
scheint unendlich.

Doch niemand ist alleine,
solange das Leben
noch einen Schatten wirft.

Schlachttag

... die Felder
noch warm
von den Kämpfen
der Nacht

tiefe Schneisen
gefüllt mit
schwarz-roter Brühe

Wunden
nur halbherzig
versorgt

Wind weht
Geruch von verbranntem Fleisch
davon

Seelen verstummen
vor Schmerz

wir brennen schon wieder ...

Entblößt
erlöst

in deinem Schmerz

versinkst du

ertrinkst du

in deinem Schmerz

bist du

entblößt

erlöst

bin ich

bei dir

in Liebe

versunken

ertrunken

in deinem Herz

entblößt

erlöst

Die Schönheit der Poesie

liegt im Auge des Betrachters.

Ich betrachte dich.
Mein Auge sieht dich.
Deine Hässlichkeit.
Bitterschön.

Doch ich begehre dich.
Ich verkläre dich
mit meiner Poesie.
Bitterschön.

Ich schließe meine Lider.
Doch schreib ich
immer wieder
über dich.

Ich betrachte dich nicht.
Doch mein Auge sieht dich.
Dein Dasein.
Wunderschön.

Du bist meine Welt.
Du bist mein Tag.
Du bist meine Poesie.
Wunderbitterschön.

Schwach.Punkt

DEINE Liebe
hat mich schwach gemacht.
ICH dachte,
ich sei so stark.
DU dachtest,
ich wäre so stark.

Doch ich wurde schwach.
so schwach, so schwach,
bis ich nichts mehr war,
nicht mehr
als DEINE Schwäche,

Das dachte ICH.
                Das dachtest DU.

Doch war ich nicht schwach.
Ich bin einfach ICH geworden.

Nur durch DICH
                fand ich MICH.
Viel stärker,
als ich jemals war.

Deine LIEBE
hat MICH
stark gemacht.

Manche Seelen
finden niemals Ruh'

... manche Seelen
finden niemals Ruh'
denn sie sinnieren
immerzu
jeden Tag
bis in die tiefe Nacht hinein
wie es wohl wäre
von Seelenruhe
erfüllt zu sein ...

... in diesem Leben
fühlen sie es vermutlich nie
ihre Seelen voller Melancholie
werden ihren Frieden finden
wenn ihre Lebensgeister schwinden
ihrer Bestimmung gewiss
im fahlen Schein
werden sie mausetot
und begraben sein
mit sich in Endlichkeit verbunden
endlich haben sie
Seelenruhe gefunden ...

... manche Seelen
finden niemals Ruh'
denn sie sinnieren
immerzu ...

     ... gehört deine Seele
     vielleicht auch dazu?

Was ich
schon immer
einmal sein wollte

Ich wollte schon immer
einmal
gar nichts sagen.
Schweigen, still sein,
ruhen, nur sein,
vielleicht ein Stein.

Am Boden
eines stillen Gewässers,
auf dem Grund
eines ruhenden Sees,
darüber Windstille,
ein stilles Gebet.

Asche,
die auf den Boden sinkt,
eine Andacht,
die nicht erklingt.

Ein trauernder König
in seinem Turm,
regungsloser Totentanz,
Grabesruhe
vor keinem Sturm.

Eine Wolke,
die nicht weiterzieht,
eine stumme Seele,
die nicht mehr flieht.

Ich wollte schon immer
einmal gar nichts tun.
Ich wollte schon immer
einmal
gar nicht sein,
vielleicht ein Stein.

So lange du noch immer
Perlen vor die Säue wirfst,
brauchst du deinen

Selbstwert

nicht bestimmen.
So lange du nicht
mit Konventionen brichst,
wird dein Selbstwert
im Grunzen der Schweine
öde verklingen.
So lange du nicht
wahrhaftig selbst entscheidest
wer deiner Gunst es würdig ist,
ist die Sache mit dem Selbstwert
fremdbestimmter Schweinemist.

Denn woher weißt du,
was dein Selbstwert ist?
Auf welcher Skala bewegst du dich?
Entscheidest du selbst,
wo oben und wo unten ist?

Selbstwortgefährdung

Es muss wehtun,
wenn es heilen soll.
Richtig schmerzen,
brennen,
glühen,
dich verätzen,
zerreißen,
in abertausend Partikel
zersprengen.

Dann sammele
dich wieder ein,
setze dich zusammen
und trage stolz die Spuren
deiner Wiederauferstehung.
Bette deinen Kopf auf kühle Erde
und ruhe dich ein wenig aus,
bevor du weiterwanderst.

Kämpfe,
wenn es nötig ist.
Um alles.

Sollbruchstelle
Pandemie

... der Tag, an dem das Leben
fast verschwand ...

eben war es
noch
ein guter Morgen

gewesen

still und hoffnungsvoll
im nächsten Moment
war er vorbei
laut und hoffnungslos

wir brachen
an der Stelle
an der wir brechen sollten

ein neuer Morgen begann

trotzdem

die Tage rauschten vorbei
wurden zu Monaten
zu einem Jahr
zu einem zweiten
ein drittes Jahr begann
mit uns

und doch ohne uns

alles versank in trüber
tragischer Melancholie

die Nächte waren
zum Weinen da
und zum Warten
auf den nächsten Morgen
und ein bisschen Hoffnung

trotzdem

auf den
Drehmomentschlüsselmoment
morgen
übermorgen
dann und wann
bevor unser Leben
komplett entschwindet

dann, irgendwann
werden wir brechen
an der Stelle
an der WIR es wollen

dachten wir

eben war es
noch
ein nicht ganz so schlechter Morgen

gewesen

still und hoffnungsvoll

[DANN SCHAUTEN WIR
INS LEBEN
UND
ES WAR
KRIEG]

Sommergeister

... mit nackten Füßen
über glühenden Asphalt,
kleine Steinchen piksen,
weiter ...

mit nackten Füßen
über frisch gemähte Wiesen,
Grashalme zwischen den Zehen,
schneller ...

mit nackten Füßen
über heißen Sand,
kühles Nass ersehnend,
tiefer ...

den Boden unter den Füßen verlieren ...
mit entblößter Seele
durch Sehnsucht treiben,
das Leben begehrend,
immer mehr ...

Im Herzen
Sonnenfinsternis

Licht
bricht
sich

deine
Sonnen
Strahlen

Wolken malen
dein Antlitz
in fahles
Licht

Licht
bricht
dich

deine
Sonnen
strahlen
flackern
zermahlen
dich

So und nur so

So.
Wir lassen
nun die Dinge
hinter uns.
Ab jetzt
geht es nur noch
vorwärts.
Vielleicht auch
ein bisschen
nach oben.
Bestimmt
auch mal wieder
nach unten.
Aber wir schauen
nicht mehr zurück.
Wir denken
nicht mehr zurück.
Wir fühlen
nicht mehr rückwärts.
Auch nicht
wegen der Melancholie.
Wir fühlen
nur noch Zukunft.
So.

Spieglein Spieglein

Ich wäre so gerne wunderschön,
lieblich rein und wahr,
nichts von alledem bin ich,
dennoch bin ich für dich da.

Grausam und hässlich,
ja, das bin ich,
perfide und grässlich,
und doch liebst du mich.

Der Grund bist du selbst,
du siehst dich in mir,
ich spiegele dein Bild,
bleibst du deshalb bei mir?

Spurenelemente

Verschwende nicht deine Zeit.
Frage dich nicht, wer du bist.
Denn sobald du es zu wissen glaubst,
hat das Fragen, das Denken, die Zeit
dich längst wieder verändert.
Du bist kein Gegenstand,
der ist, wie er ist,
dem man einen Namen geben kann.

Du bist ein Mensch aus Fleisch und Blut.
Du bestehst aus Wasser, Sauerstoff, Metallen,
Nichtmetallen und Spurenelementen.
Du bist ein mal mehr mal weniger schlauer
Zellhaufen auf der Suche nach dem Sinn
seines Seins, der sich fragt, wer er ist.
Das ist die einzige unveränderliche Antwort
auf all deine Fragen.

Verschwende nicht deine Zeit damit,
weiter zu fragen, zu bohren,
nach dir zu suchen,
denn du würdest dich nur finden,
wenn du dich dem Stillstand hingibst.
Fühle dich und akzeptiere dich.
Akzeptiere, nicht zu wissen,
wer du bist. Hinterlasse keine Fragen.
Hinterlasse Spuren deiner Elemente.

Staub schimmert nicht

staub schimmert nicht
verschluckt mein licht

staub war ich

staub auf der haut
knistert so laut

staub bin ich

staub frisst mich auf
alles nimmt seinen lauf

staub werde ich

Stein
Schlag

Stein
um
Stein

wachsen wir.

Bewege dich nicht.
Atme nicht.
Lasse die Zeit
stillstehen.

Stein
um
Stein

fallen wir.

Sterben
Arm in Arm

Nach deinen abertausend Toden

in meinen weinenden Armen

hörte ich auf zu zählen,

wie oft du starbst.

Natürlich starb ich mit

jedes verfluchte mal,

natürlich kamen wir uns nah,

näher,

so nah,

viel zu nah,

und verloren uns

im gleichen Augenblick

in deinen weinenden Armen.

Bruchteilsekunden bevor ...

Hast du schon einmal diese Stille gespürt,
in der die Welt für den kürzesten
aller kurzen Momente stillsteht?
Der Moment, wenn nichts mehr atmet,
wenn nichts mehr lebt, wenn alles verloren,
tot und vergangen ist, Bruchteilsekunden,
bevor etwas zerreißt, zerbricht,
in abertausend Partikel zerspringt,
Bruchteilsekunden
vor einer unwiderruflichen Lüge,
einer Wahrheit, einer bitteren Erkenntnis,
Bruchteilsekunden
vor dem Leben, der Liebe,
dem Verrat von beiden,
dem Tod.
Dann ist er da
und sogleich wieder verschwunden,
in Bruchteilsekunden, der Stillstand
vor dem Schmerz, der einsetzt,
in dem Moment nach dem Moment
der absoluten Stille.

Auf dem Stumpf

Abgestumpft

Nahe bin ich bei mir.
Auf meiner Wunde,
wohlig warm,
auf dem Stumpf
meines Lebens
bette ich mich,
vegetiere ich,
verwahrlose ich.

Furcht verspüre ich nicht,
ich bin allein,
niemand dringt ein
in mein Herz,
in mein Leben,
niemand regt sich,
niemand schlägt mich,
nur ich darf sein.

Schön ist es,
mein Zuhause,
meine Zuflucht,
mein Heim,
ganz allein,
ich, allein ich,
mein Mein.
Nahe bin ich bei mir.

Im Sturzflug

Lass uns fliegen,
bevor wir uns
gegenseitig die Flügel brechen.

Lass uns fliegen,
bevor wir uns
die scharfen Kanten
unserer abgebrochenen Federkiele
in unsere Herzen rammen.

Lass uns fliegen,
bevor wir
im Schwarm des Lebens untergehen.

Lass uns fliegen,
bevor wir
tot aus unserem Himmel fallen.

Lass uns gemeinsam fliegen,
solange wir es noch können.

Süße, süße Süßigkeiten

Ich pflanze dir süße Knospen
unter deine Haut,
aus allen Poren sollen
meine Wunderblumen wachsen.

Ich lege dir Zuckerwolkenwatte
unter deine Füße,
jeder deiner Schritte
soll dich mit meiner Leichtigkeit
des Seins erfüllen.

Ich streue dir Puderzucker
in deine Augenlider,
bei jedem Zwinkern
sollst du meine süße Liebe spüren.

Pflücke mich.
Gehe mit mir.
Versüße dir
dein Leben.

Tage am Meer

Tage am Meer …

sind wie

Tage am Meer …

sind wie

ein Sturm im Kopf …

sind wie

Honig in die Seele getropft …

Dieser Tag,
dieser Traum

Da war dieser Tag,
als wir das Glück in uns suchten.
Da war dieser Traum.
Da war ich.
Da warst du.

Wir spazierten
nicht Hand in Hand,
dazu waren wir zu scheu,
wir hatten zu viel Angst
vor Zurückweisung.

Wir zeigten uns
von unseren besten Seiten
und überschütteten uns
mit Komplimenten.

Einer musste den Anfang machen
und irgendeiner tat es.
Unsere Herzen klopften schnell,
jeder scheue Augenblick
ließ sie rasen.

Da waren wir nun.
Da war ich.
Da warst du.
Da war dieser Tagtraum
von Erfüllung,
von Glück.

Der Tag
kam,
verkleidet
als die Nacht.
Der Traum
verwandelte sich
in echtes Leben.

Das Glück blieb.
In uns.

Tag X

Einsteigen und Aussteigen.
Station um Station.
Einatmen und Ausatmen.
So ist das Leben.
Es ergibt sich durch sich selbst.
Atemzug um Atemzug.
Was sich zusammensetzt,
kann auch wieder auseinandergehen.
Jeder Atemzug könnte der letzte sein.
Ein Abschied.
Endstation.

Bist du dir dessen bewusst?

Atme ein.
Atme aus.

Atme.

Taktgefühl

Es gibt keinen einzigen guten Grund,
zu reden, wenn die Musik spielt.
Es gibt keinen einzigen guten Grund,
nicht aufmerksam zu lauschen,
wenn die Musikkapelle das Lied
unseres Lebens aufspielt.
Es gibt keinen einzigen guten Grund,
aufzugeben, bevor nicht der letzte Ton
unseres Liebeslieds verklungen ist.

Tausendsassa

tausend Augen
zum Sehen
tausend Augenblicke
zum Erkennen
tausend Jahre
zum Begreifen
tausend Küsse
auf die Herzen
tausend Sterne
vom Himmel geholt
tausend Zweifel gesät
tausend Stiche
in die Seelen
tausend Male
zum Teufel gejagt
tausend Tode gestorben
tausend Wolken beiseitegeschoben
unter tausend Sonnen verbrannt
tausendmal
Ja
tausendmal
Nein
tausendmal
Vielleicht
abertausend Worte
unbeschreiblich

Schaurige Kakophonie

Leben staut

Herz schlägt laut

durchbricht Stille

Herzenswille

schlagen

schlagen

immerzu schlagen

Träume begraben

Dreivierteltakt

Takt

Takt

Lebensakt

gefällige Symphonie

verlässliche Monotonie

abgeranztes Leben

leben

kein Erzittern

kein Erbeben

Sehnsucht auswringen

Kämpfe gewinnen

Liebe verzieren

Schlachten verlieren

bittersüße Melodie

schaurige Kakophonie

Herz schlägt leiser

kein Lebenswille

Herz schlägt nicht

Totenstille

Dein Leben lang

Du hast geglaubt,
du hast vertraut,
Zweifel hin und her
und weggeschoben,
dein Rückgrat fast gebrochen.
Über Tage,
über Jahre,
fast dein ganzes Leben lang.

Den Teufel
an der Wand deines Bewusstseins
hast du bunt angemalt.
Die innere Stimme
hast du mit deinem Singsang
zum Schweigen gebracht.
Über Tage,
über Jahre,
fast dein ganzes Leben lang.

Nun wünschst du dir,
du wärst gestorben,
bevor du entdecktest,
dass alles
eine Lüge war.

Deine Seele
steht in Flammen.
Tiefe Schneisen
wurden in dein Herz geschlagen.
Aus deinen Augen
rinnen
abertausend
ungeweinte Tränen,
die so schmerzen,
dass sie selber bluten.
Dein restliches Leben lang.

Trümmer und Träume

Wir halten fest,
wir halten aus,
wir halten durch,
           wir halten uns
        voneinander fern.

Wir stehen auf,
wir stehen drüber,
wir stehen vor
          den Trümmern
        unserer Träume.

Wir suchen uns,
wir finden uns
vielleicht wieder
            am Ende
        unserer Tränen.

Vielleicht
in einem anderen Land,
vielleicht
mit einem neuen Traum,
            vielleicht
        im nächsten Leben.

Überbrückungshilfe

Du könntest von mir trinken,
wenn es dich dürstet.

Du könntest
dich an mir laben,
wenn du hungrig bist.

Du könntest
mich mit deinen Tränen benetzen,
wenn du traurig bist.

Du könntest
bei mir liegen,
wenn du ruhen möchtest.

Es ist nur
ein Schatten,
über den du dazu springen müsstest.

Es ist nur
eine Brücke,
die du dafür bauen müsstest.

Von der anderen Seite des Grabens,
der zwischen uns liegt,
winke ich dir zu.

Es ist nur
eine Brücke,
über die du gehen müsstest.

Nur eine verfluchte Brücke.

Über
das
Leben

Alles stirbt.

Alles brennt,
                    verbrennt, verbrennt.
Alles glüht,
                    verglüht, verglüht.
Alles endet,
                    verendet, verendet.
Alles fliegt,
                    verfliegt, verfliegt.
Asche im Wind.

Alles ist entleert,
                            leer, leer.
Alles erneuert sich,
                            neu, neu.
Alles wird befruchtet,
                    fruchtet, fruchtet.

Alles erwächst,
                wächst, wächst.
Alles erblüht,
                 blüht, blüht.
Alles erfüllt sich,
             füllt sich, füllt sich.
Alles
                lebt, lebt.
Samen im Wind.

Alles überlebt.

Alles nur geträumt

schwebend
lebend
den Boden
unter den Füßen verloren
vielleicht nie geboren
vielleicht längst gestorben
alles nur geträumt
phantasiert
vom Fliegen
vom Schweben
vom Lieben leben
und von ein bisschen Luft
zum Atmen
mit dir
im Hier
und Jetzt
vom Gestern träumen
das Heute versäumen
nach einem Morgen sehnen
nie mehr gehen
einfach bleiben
einfach sein

mit Sinn
und Sünde
ohne Ende
ohne Schluss
alles muss
weil alles kann
weil wir es können
wir können
fliegen
wir können
schweben
zusammen
leben
den Boden
unter uns verlieren
phantasieren
wir können sterben
wir können alles werden
was wir schon immer sind
vielleicht nie geboren
vielleicht längst gestorben
alles nur geträumt

Und wieder
und wieder

... und wieder bist du traurig
und wieder weiß ich nicht, warum
und wieder weißt du es selbst nicht
und wieder ist da deine Stille
und wieder ist da dieser Schmerz
und wieder ertrinkst du in deinen Tränen
und wieder sammele ich meine Kräfte
und wieder reiche ich dir meine Hand
und wieder schlägst du sie aus
und wieder bleibe ich stark
und wieder halte ich dich aus
und wieder lasse ich dich sein
und wieder werde ich geprüft
und wieder werde ich bestehen
und wieder werde ich dich lieben
und wieder und wieder ...

WWW.DEUTSCHE-DEPRESSIONSHILFE.DE/DEPRESSION-
INFOS-UND-HILFE/RAT-FUER-ANGEHOERIGE

Unliebe

Am ersten Tag
weckte er ihre Neugier.
Am zweiten Tag
mochte sie ihn.
Am dritten Tag
begehrte sie ihn.
Am vierten Tag
liebte sie ihn.
Am fünften Tag
machte sie ihm Vorwürfe.
Am sechsten Tag
wollte sie ihn töten,
weil er sich nicht
für sie interessierte,
weil er sie nicht mochte,
weil er sie nicht begehrte,
weil er sie nicht liebte.
Sie ließ ihn nicht in Ruhe.
Am siebten Tag
ließ er sie ruhen.
Für immer.

WWW.WEISSER-RING.DE/PRAEVENTION/TIPPS/STALKING

Unter unserer fremden Haut

Zwischen Wahrheit und der Pflicht,
gesellschaftlichem Kriegsgericht,
immer hin und her gerissen
zwischen falschem Zwangsgewissen,
zwischen altbekannten Lügen,
denen wir uns bitter fügen,
zwischen Wahn und besserem Wissen,
Sehnsucht brutal aufgerissen,
Herzen nach einander recken,
Liebe unter Haut verstecken,
sollen wir
nicht sein,
jeder ist
und
bleibt allein,
weil es so das Beste ist,
egal, ob es die Seele frisst.

Verbündete Halunken
in Liebessaft ertrunken,
schreiten wir voran,
kommen niemals an,
nur dort,
wo wir sollen,
nicht da,
wo wir wollen.

Doch unter
unserer Haut,
außen blank,
innen laut,
geht unsere Liebe weiter.

Vergebung
nicht vergessen!

erst
vergeben

dann
vergessen

Vergibst du dir,
wenn du das
vergessen hast?

Wer vergibt uns?

Wem oder was auch immer ...
vergeben wir?
Vergeben wir,
weil wir vergessen wollen?
Vergessen wir,
weil wir vergeben haben?
Vergeben wir,
damit wir vergessen können?
Vergessen wir uns,
wenn wir vergeben?
Vergeben wir uns
ans Vergessen?
Was ist, wenn wir uns
plötzlich an das erinnern,
was wir vergessen wollten?
Wer vergibt uns,
dass wir nicht vergessen können?
Wen oder was auch immer ...
vergessen wir?
Werden wir vergessen,
wenn wir vergeben?

vermeiDUngsstrategICH

... der größte Verlust

ist der Verlust

des Ichs

um den Verlust

eines Dus

zu vermeiden ...

Traum von Verschmelzung

[Ich komme zu dir.]

Ich krieche aus meiner Haut,
bin nackt für dich.
Ich schlüpfe in deine Haut,
trage sie
wie einen Mantel.

Ich entferne meine Augäpfel,
bin blind für dich.
Du schenkst mir deinen Augenblick,
ich sehe
mit deinen Augen.

Ich entferne meine Ohren,
bin taub für dich.
Du schenkst mir Gehör,
ich höre
mit deinen Ohren.

Ich entferne mein Herz,
bin tot für dich.
Du schenkst mir dein Herz,
ich fühle
nichts.

[Ich komme zu mir.]

Verunsinnbildlicht

Augenwinkelige
Sinnsuche
im Rausch
verschleierter Gedanken
Blick zurück

Augenscheinliche
Sinnfindung
im Rausch
verklärter Sinne
Blick nach innen

Verrauscht
in Gedanken
sinnloser Sinne
Blick ins Jetzt
Wahnsinn im Augenblick

Ja? Nein?

Vielleicht?

Vielleicht sind wir.

Vielleicht beginnt morgen
unser letztes Heute.
Vielleicht sind wir heute
unser letztes Jetzt.

Vielleicht sind wir
Samt und Seide.
Vielleicht lieben wir uns an uns arm.
Vielleicht sind wir
harte Knochen in rohem Fleisch.
Vielleicht lieben wir uns daran reich.

Vielleicht sind wir Krieg.
Vielleicht sind wir Bestimmung
Vielleicht sind wir Frieden.
Vielleicht sind wir ab jetzt für immer.

Vielleicht sind wir gestern, heute,
morgen, jetzt.
Vielleicht sind wir ab jetzt
für immer tot zusammen.

Ja. Nein. Vielleicht.
Vielleicht sind wir Wir.

Wessen Wahrheit bricht?

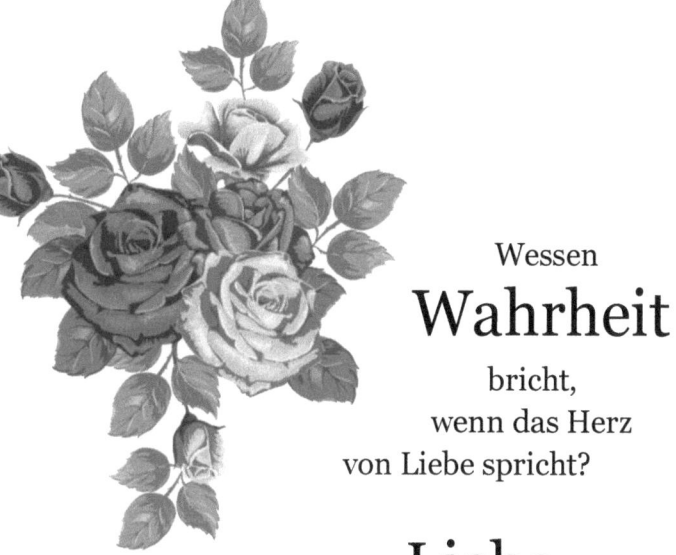

Wessen
Wahrheit
bricht,
wenn das Herz
von Liebe spricht?

Wessen **Liebe** geht,

wenn das Herz
die Wahrheit nicht verträgt?

Wessen **Herz** zerbricht,
wenn die Wahrheit ist,
er/sie liebt nicht dich?

Der Wenn-dann-Fall

Ich kann
nicht lieben.

Aber wenn ich
lieben könnte ...

... dann
liebte
ich
vermutlich dich.

Wer zuletzt **liebt**

Wer zuletzt liebt,
lieb am besten,
der hat alles gefühlt,
der hat alles erlitten,
der hinterlässt
kein Herz in Kummer.

Wer zuletzt stirbt,
stirbt am besten,
der hat alles gesehen,
der hat alles gehört,
der hinterlässt
keine Seele in Trauer.

Wer zuletzt darüber schreibt,
der schreibt sich tot,
der hat keiner Nachwelt
etwas zu hinterlassen.
Es sei denn,
er schreibt
nur für sich.

[ICH SCHREIBE FÜR DICH.]

Auf Wiedersehen

Wir konnten niemals
voneinander Abschied nehmen.

Was hätten wir uns wohl gesagt,
wenn wir gewusst hätten,
dass das letzte *Auf Wiedersehen*
nur zwei Worte bleiben würde?
Hätten wir uns
überhaupt irgendetwas gesagt?
Hätten wir uns gesagt,
dass wir uns längst
alles hätten sagen sollen?

Der Abschied steht in jedem Raum,
in dem wir
gemeinsame Lebenszeit verbrachten.
Wenn ich ihn verlasse,
drehe ich mich in der Tür
ein letztes Mal um.
Ich suche dich,
ich finde dich nicht,
ich sehe dich nicht wieder.

Wieder bist du nicht da
zum Abschied nehmen.

Wie und warum liebst du?

Liebst du,
weil dich Liebe lenkt?
Oder liebst du,
weil dir jemand
Liebe schenkt?

Liebst du,
weil du lieben willst,
weil du lieben sollst,
weil du lieben musst,
weil du an Liebe
glauben willst,
das muss jetzt so sein,
das soll jetzt so sein,
das gehört sich so,
das hat nun gefälligst
Liebe zu sein,
weil Liebe überfällig ist?

Liebst du,
weil du geliebt werden willst,
weil du glaubst,
es gibt keine Liebe für dich,
wenn du sie nicht stillst?

Liebst du,
weil du denkst,
dass Liebe
Glück zusammen hält?
Liebst du,
weil du glaubst,
dass Liebe ist,
was dir zum Glück
noch fehlt?

Liebst du dich?

Willkür

Ich will dich,
denke ich,
ich will dich zurück,
denke ich,
ich will dich,
erinnere ich
mich an

mich.

Willenlos losgelöst

FREI

~ der Tag
[vielleicht auch die Nacht]
der Augenblick
in dem sich alles
scheidet
abspaltet
verschwindet
verabschiedet
Seele aus dem Körper
Geist aus dem Gemüt
Liebe aus dem Herz
Wesen aus der Welt

Denken setzt aus
Fühlen vergeht
alles lichtet sich
Reduktion
Konzentration
aufs Wesentliche
Inneres entblößt
entfaltet
zu wahrhaftigem Leben
freiem Willen
wahrem Sein
[nicht nur Werden] ~

FREI

Windspiel

Raureif wächst
gegen den Wind

Als die Liebe erstmals aufspielte,
legte sie sich samtig seiden,
ja, so zart und zärtlich,
auf das trübe Seelchen,
das dünn und zerbrechlich
wie Jahrhunderte altes Pergamentpapier
darnieder lag.

Als die Liebe den letzten Akt begann,
legte sich eisiger Frost
auf das massakrierte Gemüt,
das, gegen den Wind gewachsen,
nadelförmige Eiskristalle erschuf,
dem Tod trotzte,
zur Eisblume erblühte.

Als die Liebe wiederkam,
legte sie sich sanft,
ja, fast zaghaft,
auf die raugereifte Seele,
die, derb und hart geworden
wie altes Leder,
nie mehr dieselbe ward.
Und der Wind
stand still.

Der Mann
und der Winter

Der Mann und der Winter
werden keine Freunde mehr.

Es war Winter,
als die russische Eiswüste seinen Vater
auf der Flucht verschluckte.
Es war Winter,
als seine Mutter sich vor Gram
und Sehnsucht das Leben nahm.
Es war Winter,
als sein Kind ein Engel wurde.
Es war Winter,
als seine Liebe
für immer ging.

Es ist Winter
im Frühling,
im Sommer,
im Herbst,
wenn sich bei den Erinnerungen
sein Herz verschließt.
Es ist Winter,
wenn er zu Eis gefriert
und in abertausend Splitter bricht,
wenn ihn jemand fragt,
warum er denn so traurig sei.

»Es ist Winter«,
sagt der Mann dann müde,
während die Sommersonne
seine Haut verbrennt,
»und ich bin allein.«

Vielleicht ist es Winter,
wenn er nach Hause geht.
Für immer.

Wohlfühlcharakter

wir sind nicht
was wir sehen

was wir fühlen
wenn wir sehen
wer wir sind

Das sind wir

Wolkenschieber

Warum schieben wir
Wolken vor die Sonne,
wenn sie
endlich
einmal
wieder
scheint?

Wortgetrieben
fortgeschrieben

Es war nicht
das Wort,
das trieb,
es war
die Seele,
die schrieb,
die rastlos
im Nebel,
unruhig
im Dunst
der Verwirrung
Expression
begehrte.
Im Gewand
des Wortes
schrie sie
die Dämonen an,
trieb sie aus
sich heraus,
lichtete sich,
verdichtete sich,
erklärte sich,
verzehrte sich,
wurde sie
selbst
zum Wort.

Offener Brief an die Wut

Ja, ich will.
Ich brauche dich.
Ich brauche dich
wie du mich.

Ich bin das Gefäß
für meine Wut.
Ich bin der Funke
deiner Glut.

Wutentbrannt
entzünde ich.
Ja, ich will.
Ich brauche dich.

Ich kann nicht leben
ohne dich.
Du bist die Wut,
die Wut bin ich.

Ich feuere dich an,
ich schüre dich.
Ich knister, ich flacker,
ich spüre mich.

Es hat alles
einen Sinn ergeben

Nie war ich mir gewahrer, dass ich liebe,
wie tief ich liebe,
wie wahrhaftig ich DICH liebe,
als ich all deine Messer,
eines nach dem anderen,
aus meinen Wunden zog.

Unzählige Tropfen,
die von den Klingen perlten,
all das Blut, das aus
meinen Wunden sprudelte,
es war deines.
Und ich verstand.
Alles.

Alles verzieh ich,
als du zaghaft begannst,
meine Wunden zu versorgen,
die Blutung mit deinem Sein zu stillen.
Als du zärtlich meine Narben küsstest,
heilten wir gemeinsam.

»Dumm und töricht«, höhnte die Welt
anmaßend über mich.
Dumm und töricht wäre es gewesen,
mich von dir abzuwenden, weiß ich es besser.

»Es hat alles einen Sinn ergeben«,
erwidern wir glücklich
und wetzen lächelnd unsere Messer.

Zählwaisen

Never Forget

Am Ende zählten nur die Toten.
Doch wir haben nicht
ihre kalten Körper gezählt,
wenn wir sie denn fanden.
Wir zählten nicht
die Leichenberge,
zu denen wir sie stapelten.
Wir zählten nicht
die Rauchschwaden
der Fegefeuer
und nicht die Glutfünkchen,
die wie ein umgedrehter
Feuerregen
die Nacht erhellten.
Wir zählten nicht
die Partikel
ihrer Asche,
die auf unsere verwaisten,
geläuterten Häupter rieselten.
Wir zählten nur unsere Tränen.
Diese wurden unsere Toten.
Für immer.

Zu viel Welt
ohne Dich

Meine Seele.

Eis.

Mein Körper.

Still.

Meine Ohren.

Taub.

Mein Herz.

Ein Stein.

Meine Stimme.

Versagt.

Mein Hirn.

Ein
Schmelztiegel.

Die Welt.

Zu laut.
Zu leise.
Zu viel Welt.

Du.

Weg.
Verschwunden.
Tot.

Ich.

Hier.
Alleine.
Lebendig.

Dein Leben.
Zu kurz.
Mein Leben.
Zu lange ohne Dich.

Ich habe nie Adieu gesagt ...

denn ich ließ Dich
niemals gehen.

Trotzdem
rennst du weiter

Zwangsweise

Zwang zur Pause
ist
Zeit zum Innehalten
ist
Chance auf Erneuerung.

Trotzdem rennst du weiter,
stehst nicht still,
gibst keine Ruhe,
gönnst,
nicht nur dir,
keine Pause,
zwingst jedem auf,
dir zuzuhören,
dir zuzusehen,
verpasst alle Chancen
auf Veränderung,
Verbesserung.

Verständigung
ist
zwangsläufig

unmöglich.

Lebe deine Geschichte, bevor dein Epilog beginnt

»Ich hätte noch
so viel zu sagen gehabt«,
sagte der Mann,
der niemals
gesprochen hatte,
während das Leben
sich aus seinem Körper stahl.

»Ich wollte noch
so viel erleben«,
sagte die Frau,
die niemals
ihr Haus verlassen hatte,
im Gleichklang
ihres letzten Herzschlags.

*So will ich
niemals enden,*
dachte jemand beim Lesen
dieser Zeilen,
während …

Ein bisschen
Schwund
ist immer

Verschwinden will ich.
Untergehen
wie die Sonne.
Stehenbleiben
wie eine Taschenuhr.
Versickern
wie Abwasser im Kanal.
Verlöschen
wie ein abgebranntes Streichholz.
Verdunsten
wie der Morgentau auf Rosenblüten.
Vertrocknen
wie ein in ein Buch gepresstes Kleeblatt.
Verklingen
wie die letzten Noten eines Songs.
Umschlagen
wie die letzte Seite eines Buchs.
Der letzte Moment
will ich immer sein ...

Verschwunden

bin ich.

JEDER MOMENT
IST EINZIGARTIG
UND NICHT KOPIERT,
JEDER MOMENT
IST VERGANGEN,
IN DEM MOMENT,
WENN ER PASSIERT.

JEDE FRAGE
WURDE SCHON GEFRAGT,
JEDE ANTWORT
SCHON GEGEBEN,
OB SIE UNS GEFÄLLT
ODER NICHT,
WIR MÜSSEN
WEITERLEBEN.

ICH DANKE DIR FÜR DEINE BEGLEITUNG
FÜR EINIGE ZEIT, ES WAR ALLES
NUR EINE FRAGE
GEZÄHLTER TAGE.